SITUATION POLITIQUE

DE

L'ALGÉRIE

2121. — ABBEVILLE. — TYP. ET STÉR. GUSTAVE RETAUX.

SITUATION POLITIQUE

DE

L'ALGÉRIE

PAR

F. GOURGEOT

Ex-interprète principal de l'Armée d'Afrique, Officier de la Légion-d'honneur.

LE SUD — BOU AMAMA — LES OULAD SIDI CHEIKH — FIGUIG
LE TELL — LES COLONS — MARABOUTS, CHORFA, DJOUAD, ZENATZA
LES GRANDS CHEFS — LES FELLAHS — LES KRAMMES
TIYOUT — EL ABIED — CRÉATION D'UN MAKHEZEN — LES GOUMS
POUVOIRS POLITIQUES — POUVOIRS ADMINISTRATIFS

PARIS

CHALLAMEL AINÉ, ÉDITEUR
LIBRAIRIE ALGÉRIENNE ET COLONIALE
5, RUE JACOB, 5
—
1881

AVANT-PROPOS

Les événements de la Tunisie, ceux dont l'Algérie est le théâtre depuis le mois d'avril dernier, ceux qui se préparent offrent un intérêt palpitant. Le monde musulman s'agite, nous menace, l'Europe a ses regards tournés vers la France. Bientôt les orateurs de nos deux parlements auront à traiter de graves sujets. La lutte va s'engager dans des contrées sahariennes, dépourvues d'eau, où le succès dépend beaucoup plus de la rapidité des mouvements que de la supériorité des armes. Un sentiment de vive curiosité s'empare des esprits. On se demande comment va manœuvrer notre armée pour atteindre un ennemi agile dont la fuite est aussi soudaine et précipitée que celle de l'antilope ; on se demande quelles mesures seront prises, une fois la répression effectuée pour assurer une tranquillité durable sur les points éloignés de nos grands centres, là où la présence de nos soldats ne saurait se prolonger indéfiniment.

En présence de ce grand mouvement des esprits, de cette curiosité universelle, il m'a semblé opportun de me livrer à une étude raisonnée sur les causes permanentes qui provoquent et entretiennent l'agitation en Algérie, aussi bien dans le Tell que dans le Sud, ainsi que sur les moyens qui seraient propres à ramener le calme et la sécurité dans notre colonie à l'abri des incursions des nomades.

Ce sont ces études que je publie sous le titre de : « *Situation politique de l'Algérie.* »

Les causes de l'agitation dont je parle sont multiples. Il en est auxquelles nous ne pouvons rien, parce qu'elles sont la conséquence naturelle de la conquête d'abord, ensuite de l'extension de notre colonisation, œuvre à laquelle nous ne saurions renoncer. De celles-ci, je ne me suis point occupé. Mais j'ai cru utile de signaler quelques-unes de celles qu'il est en notre pouvoir de faire disparaître et qui, à mon avis, réclament les plus prompts remèdes.

Je sollicite l'indulgence du lecteur qui, s'il veut bien parcourir ce travail avec quelque attention, reconnaîtra que ce n'est point l'œuvre d'un homme de parti.

SITUATION POLITIQUE

DE L'ALGÉRIE

CHAPITRE I

LE SUD

En voyant ce qui se passe dans la Tripolitaine, en Tunisie, où depuis Kairiouan jusqu'au golfe de Gabès, jusqu'aux villes du Djerid, Tozer et Nefta, la guerre sainte se prêche ouvertement contre les chrétiens, particulièrement contre les Français ; en voyant ce qui se passe dans la province d'Oran, l'insurrection à bref délai de tout le Sud algérien et tunisien n'est plus chose à démontrer. L'état des esprits, fanatisés par des excitations parties des rives du Bosphore et par les appels pressants des chefs de sectes religieuses, se manifeste par des faits assez patents pour qu'il soit surabondant d'en faire ressortir la gravité. Le journal le *Times* déclarait récemment que Bou—Amama était en relations avec le sultan de Constantinople. Le fait me paraît surprenant, mais je ne le crois pas impossible.

J'ai l'intime conviction que la question du Sud se lie si

étroitement avec la question des Oulad Sidi Cheikh que les deux n'en font qu'une, et que pour soumettre tout le Sud, de la province de Figuig, à l'ouest, à celle du Djerid, à l'est, il suffit de réduire les Oulad Sidi Cheikh au cœur même du berceau de leur enfance, c'est-à-dire dans une circonférence plus ou moins étendue dont le centre ne peut, ne doit être que El Abied Sidi Cheikh.   .

Voyons donc ce que sont ces Oulad Sidi Cheikh, en commençant par celui d'entre eux qui est le plus en évidence pour le moment.

L'agitateur Bou–Amama, l'homme qui à l'heure présente acquiert un si triste renom, appartient à la famille religieuse et guerrière des Oulad Sidi Cheikh. Il est de la postérité de Sidi Tadj l'un des dix–huit garçons du célèbre Sidi-Cheick qui fut au seizième siècle de notre ère la tige de cette grande famille. Le nom de Bou–Amama, l'homme au turban, lui a été donné par ses parents en souvenir de leur premier auteur qui se nommait Abd–el–Kader Ben–Mohammed et portait les surnoms de Cheick (patron), parce qu'il a fondé un ordre religieux dont il était le patron, le dictateur spirituel, et de Bou-Amama, parce que, contrairement aux Arabes qui s'entourent la tête d'un cordon de poils de chameau ou de poils de chèvre, il se coiffait à l'aide d'un turban de cotonnade blanche. Les indigènes récitent en l'honneur de Sidi-Cheick une foule de poëmes dans lesquels ils célèbrent à l'envie ses mérites, son éloquence, ses vertus religieuses, ses miracles et ses aventures de toutes sortes. C'est là qu'il faut puiser les renseignements précis de son histoire.

L'un d'eux, composé par des voyageurs qui rentraient dans le Tell après être allés en pèlerinage à son tombeau, à El-Abued, commence ainsi :

$$\text{جبال بو عمامة غرقوا}$$
$$\text{يا عجابة اش يـصبـى}$$
$$\text{شكال من الشوابى نافوا}$$
$$\text{الغيم واين حط رواقه}$$

« Les montagnes de Bou-Amama ont disparu ! (1)
« O Merveille ! Qu'est-ce qui nous consolera de la perte de leur vue.
« Que de collines apparaissent !
« A quelle distance immense, les nues projettent-elles leur ombre.

Dans un autre poème on remarque les passages suivants :

$$\text{كـان انت سيدي ومـول الحـب هبـيـل}$$
$$\text{لـو لاحظ نعطى الخرمة واش يرضى بو عمامة}$$
$$\text{وقالوا الراكب فوق السبع مـا هو شى ذليـل}$$
$$\text{ومن خالط سلطان بهمى واش يرضى بو عمامة}$$
$$\text{كاه انت سيدي انا عبد لط بلا خميس}$$
$$\text{فى النجوع نعمل لي الخرمة واش يرضى بو عمامة}$$

« Si tu deviens mon seigneur, l'homme dominé par la passion perd
[la raison].
« A tes enfants je paierai la redevance,
« Qu'est-ce qui peut être agréable à Bou-Amama ?
« On dit que celui qui est monté sur un lion ne se laisse point
[avilir]
« Et que celui qui vit dans l'intimité d'un roi peut répandre impu-
[nément le sang d'autrui].

1. Il s'agit ici des montagnes qui s'étendent de Geryville à Figuig dans lesquelle sont situées les Ksour des Oulad-Sidi.

« Qu'est-ce qui peut être agréable à Bou-Amama ?
« Si tu deviens mon seigneur, je deviendrai ton esclave
« Sans jamais réclamer d'affranchissement ;
« Tu me feras honorer dans les tribus,
« Qu'est-ce qui peut être agréable à Bou-Amama ?

La citation de ces vers qui n'ont rien d'harmonieux et qui laissent trop à désirer sous le rapport de la mesure, de la forme et de la rime, a pour but de démontrer :

1° Que notre agitateur porte le nom de Bou-Amama et non celui de Bou-Aména que lui donne, dans le *Figaro* du 20 juillet dernier, M. le comte Rochaïd Dahdah, lequel a échafaudé sur cette dernière version erronée toute une dissertation qui tombe de soi ayant eu pour point de départ un mot mal orthographié ;

2° Que le surnom de Bou-Amama a été porté jadis par Sidi Cheikh.

Cette dernière circonstance a son importance parce que par une sorte de superstition religieuse les indigènes restés fidèles à notre cause n'oseront point faire de mal au Bou-Amama moderne qui représente à leurs yeux la personne de Bou-Amama l'ancien.

Dans le monde musulman, depuis la mort de Mahomet, une foule d'ambitieux se sont élevés à la toute-puissance en imitant les faits et gestes du célèbre prophète, en faisant ce que dans notre langage sceptique nous appellerions : « Jouer les Mohamet. » Bou-Amama, lui, joue les « Sidi Cheikh ». C'est ce rôle qui, s'il sait bien le jouer jusqu'au bout, paraît devoir le mettre à l'abri des attaques des nôtres.

Je dis que les indigènes restés fidèles à notre cause n'oseront point lui faire de mal, l'attaquer lui personnellement, ce qui ne veut pas dire qu'ils craindraient d'attaquer ses partisans si ceux-ci venaient les razzier ou si seulement ils commettaient l'imprudence de laisser leurs tentes et leurs troupeaux à la portée de leurs coups.

Bou-Amama est le fils de Sidi el Arbi, homme obscur dont la vie n'offre rien de saillant. Il a acquis une certaine notoriété en épousant la fille de son oncle Sidi el Menaouer Bel Horma, personnage important qui habite Figuig. Depuis longtemps déjà Bou-Amama s'est fait remarquer par une attitude particulière différente de celle des autres membres de la famille. Alors que presque tous les descendants de Sidi Cheikh passent pour avoir peu de suite dans les idées, pour être d'un caractère léger, emporté, pour manquer de sens politique et parfois de raison, pour négliger les prescriptions du Coran et être d'une avidité légendaire, lui pose pour l'homme grave, opiniâtre dans ses projets, désintéressé, raisonnable, très assidu à remplir tous ses devoirs religieux. Tous ceux qui ont connu Sidi Hamza notre ancien khalifa, se souviennent de ses distractions étonnantes. Il lui est arrivé maintes fois, alors qu'il paraissait écouter avec la plus vive attention des explications qu'il avait provoquées touchant des sujets intéressants ; il lui est arrivé, dis-je, d'interrompre brusquement son interlocuteur pour lui demander où il s'était procuré les brillants boutons de son habit ou pour lui dire que dans le désert il fait plus chaud que sur les bords de la mer.

Sidi Hamza.

Sidi Hamza, quoique fils du désert, redoutait la chaleur, surtout celle des nuits d'été. Il était parvenu à résoudre un problème qui intéresse au plus haut degré les personnes corpulentes et grasses. qui plus que les autres sont sujettes à être incommodées par les effets d'une température élevée. Ces personnes cherchent à alléger leurs souffrances en faisant dresser plusieurs lits dans leurs appartements. La nuit venue, elles se couchent successivement sur chacun de ces lits, abandonnant le matelas devenu brûlant par suite d'un long contact avec le corps, pour se mettre sur un matelas frais. Seulement l'exercice fatigant auquel elles sont obligés de se livrer pour aller d'un lit à l'autre, interrompt leur sommeil et les force bientôt à rester en repos, ce qui pour elles est un enfer. Sidi Hamza avait imaginé une couche d'une forme singulière. Au lieu d'être carrée, comme le sont généralement celles des indigènes aussi bien que celles des Européens, elle était ronde. Les extrémités formaient une circonférence relevée à l'aide de riches coussins sur lesquels il reposait sa tête. Ses pieds ne quittant pas le centre étaient pour lui un pivôt sur lequel il tournait, ce qui lui permettait de changer de place autant de fois qu'il le désirait sans être obligé de se lever ni de changer de lit. Ses serviteurs étaient devenus d'une adresse incomparable pour lui improviser des lits de cette forme partout où il se trouvait, en voyage aussi bien que chez lui.

Notre khalifa était d'un caractère très-indécis et d'une avidité qui s'alliait peu avec la haute position qu'il occupait et avec l'influence qu'il exerçait sur des milliers de musulmans dont il était le seigneur respecté et obéi. Ainsi il ne craignait pas de s'abaisser en faisant le commerce des œufs d'autruches. Si Slimane Ben Kaddour n'est pas plus sérieux que ne l'était Sidi Hamza, mais il est plus résolu, plus emporté, plus brouillon.

Bou-Amama se donne comme un réformateur de mœurs. Il ordonne de pratiquer la vertu, défend de faire le mal. Il a fondé dans les environs de Mograr Tahtani une zaouïa (1) qu'il affirme être la rénovation de celle que

---

1. J'emprunte à M. de Neveu, auteur d'un ouvrage intitulé « *Les Khouan* », la meilleure définition qui ait encore été donnée selon moi d'une zaouïa.

« La zaouïa, dit cet écrivain, est un établissement qui n'a aucune
« analogie dans les Etats d'Occident. C'est à la fois une *Chapelle* qui
« sert de lieu de sépulture à la famille qui a fondé l'établissement,
« et où tous les serviteurs alliés ou amis de la famille viennent en
« pèlerinage à des époques fixes ; une *Mosquée* où se réunissent les
« musulmans des tribus voisines pour faire leur prière en commun;
« une *Ecole* où toutes les sciences sont enseignées : lecture, écriture,
« arithmétique, géographie, histoire, alchimie, magie, philosophie
« et théologie et où les enfants pendant toute l'année. les étudiants
« (thaleb) pendant certaines saisons, les savants (euleina) à des
« époques fixes se réunissent, soit pour apprendre ce qu'ils ignorent,
« soit pour former des conciles et discuter certaines questions de
« droit, d'histoire ou de théologie ; un *Lieu d'asile* où tous les
« hommes poursuivis par la loi ou persécutés par un ennemi
« trouvent un refuge inviolable ; un *Hôpital*, une hôtellerie où tous
« les voyageurs, les pèlerins, les malades, les infirmes et les incu-
« rables trouvent un gîte, des secours, des vêtements, de la nourri-
« ture ; un *Office de publicité*, un *Bureau d'esprit public* où s'échangent
« les nouvelles, où l'on écrit l'histoire des temps présents; enfin
« une *Bibliothèque* qui s'accroît tous les jours par les travaux des
« hommes qui y sont attachés, et où l'on conserve la tradition écrite
des faits passés.

« Généralement les Zaouïa possèdent de grands biens provenant
« de dotations (habous) ou d'aumônes (zekkat) affectées par la cha-
« rité publique à l'entretien de l'établissement. Un chef, avec le titre
« de *cheikh* quand il appartient à la famille propriétaire de la zaouïa,
« avec le titre de *mokaddem* (gardien), ou d'*oukil* (fondé de pouvoirs
« quand il est étranger à cette famille, dirige l'établissement. De nom-
« breux serviteurs (khoddam) sont attachés à chaque zaouïa, soit
« pour cultiver les terres qui en dépendent, soit pour servir le nom-
« breux personnel d'écoliers, de marabouts, d'infirmes et de voya-
« geurs fréquentant l'établissement.

« Une zaouïa est quelquefois un village de vingt à trente maisons,
« comme celle de Mouleï Taïeb chez les Trara ; quelquefois un bourg
« considérable composé d'une centaine de maisons , cabanes ou

fonda son ancêtre Sidi-Cheikh quand il créa l'ordre religieux qui porte son nom.

Bou-Amama prétend être aujourd'hui le chef de cet ordre. Il commande aux membres de la confrérie. Il confère aux néophites le Dziker, c'est-à-dire les formules qu'ils doivent répéter à certains moments du jour et de la nuit (1).

Le nombre des adhérents de Bou-Amama s'accroît de jour en jour; les cadeaux de toutes sortes affluent à sa zaouïa; les visiteurs de tous pays le regardant comme le protecteur des opprimés viennent réclamer son intervention. Il est l'arbitre de tout ce qui se passe dans un vaste rayon autour de sa personnalité. C'est un homme d'une cinquantaine d'années environ, d'une haute taille, toujours très-proprement vêtu. Il exerce un grand ascendant sur tous les indigènes qui l'appellent le Sultan de l'Oued Namour et ne parlent de lui qu'avec respect. Ce qui le

« tentes , comme la zaouïa de Sidi Mahi-ed-Din , sur l'Oued-el-
« Hamma ; d'autres fois une réunion plus ou moins considérable de
« tentes, comme la zaouïa de Sidi Mohamet-Ben-Aïssa, chez les Flita.
« Toujours il y a dans la zaouïa un lieu d'assemblée, de réunion,
« *Djirma* (mosquée). Zaouïa et guetma sont synonymes
      « On peut affirmer que l'Algérie est à peu près divisée en circon-
« scriptions de zaouïa, comme chez nous le pays est divisé en cir-
« conscriptions religieuses : paroisses, évêchés et archevêchés ; et
« comme la zaouïa est également une école, le ressort de cet établis-
« sement correspond aussi à un ressort académique. Sous ce double
« rapport les zaouïa méritent une serveillance et une attention toutes
« particulières »
      1. Ces formules consistent à prononcer, après chacune des cinq
prières quotidiennes obligatoires, cent fois de suite : « Au nom du
Dieu Clément et miséricordieux », cent fois de suite : « O bienveillant
par excellence ! » Cent fois de suite : « O donneur généreux ! » Cent
fois de suite : « O nourrisseur par excellence ! » Cent fois : « Je demande pardon à Dieu. »
Si le nouvel adepte est pauvre et que ses occupations journalières
l'empêchent de consacrer à ces exerci es de piété tout le temps qui
lui serait nécessaire, il lui suffit de répéter cent fois les deux premières formules.

rend redoutable pour nous, c'est qu'il semble avoir hérité du prestige de Sidi Cheikh et qu'il cache sous les dehors d'un homme de bien un fanatisme sans égal. C'est un hypocrite adroit qui pousse l'hypocrisie jusqu'au point de conseiller publiquement à ses coreligionnaires de ne point faire de mal à qui que ce soit, pas même aux chrétiens, tant que ceux-ci ne les oppriment pas, et encore, dans ce cas, c'est à Dieu qu'il appartient de venger les opprimés. Il passe pour avoir blâmé les massacres de Saïda auxquels il n'a point assisté d'ailleurs. Dans sa correspondance avec les autorités françaises il n'a cessé de se donner comme un homme simple ne s'occupant exclusivement que de faire son salut éternel par des œuvres de charité, étant complétement détaché des richesses de ce monde, des vanités humaines.

Il entretient dans les tribus, principalement dans celles du Sud, des Mokaddem ou préposés qui le représentent, donnent le Dziker en son nom et perçoivent les offrandes des membres de la confrérie qui sont placés dans leurs ressorts. Une partie des offrandes adressées à Bou-Amama au lieu de sa résidence, à Mograr quand il s'y trouve, dans le Sud où il se fait suivre par sa zaouïa à certaines époques de l'année, est transformée par lui en aumônes qu'il distribue aux nécessiteux du pays, l'autre partie est employée à défrayer l'hospitalité qu'il accorde à ses visiteurs et à l'entretien du personnel et du matériel de sa zaouïa. C'est en voulant faire arrêter chez les Djeramena, fraction de la tribu des Oulad Ziad, campés près de Bouzoulaï, sur la ligne télégraphique de Frenda à Géryville, les familles de deux de ses Mokaddem, les nommés Taïeb Ben Djermani et Bel-Kacem Ould El Azeghem, que le lieutenant Weimbrener et deux spahis de son escorte furent lâchement assassinés au mois d'avril dernier, par des misérables du douar de Djeramena.

Avant les défections des Trafi des Laghouat du Krel, des Rezaïna et autres dissidents, les Oulad Sidi Tadj, parents immédiats de l'agitateur, constituaient ce que les indigènes appellent pompeusement la garde d'honneur de Bou-Amama. Celui-ci s'était déjà entouré des Chorfa, excellents chasseurs, qui au nombre de soixante-quinze familles environ campent ordinairement près du ksar de Bou-Semghoun, et des Oulad Sidi Ahmed El Medjedoub, petite fraction de marabouts, parents collatéraux des Oulad Sidi Cheikh, dont les tentes se dressent aux environs du petit ksar d'Asla.

Une question très-importante parce qu'elle touche à la politique internationale demande à être traitée :

Bou-Amama et ses partisans immédiats, les Oulad Sidi Tadj font-ils partie des Oulad Sidi Cheikh Cheraga ou se rattachent-ils aux Oulad Sidi Cheikh Garaba? Les deux alternatives sont sujettes à être controversées, et selon que l'une ou l'autre sera adoptée, les conséquences qui en découleront peuvent être plus ou moins graves pour la France.

Bou-Amama est-il des Garaba ?

D'après l'article 4 du traité de délimitation conclu le 18 mars 1845 entre la France et le Maroc, les Oulad Sidi Cheikh Garaba sont sujets marocains, les Oulad Sidi Cheikh Cheraga sont sujets français. S'il est démontré que

Bou-Amama et les siens sont Garaba, la France est en droit d'imposer à l'empereur du Maroc, comme elle l'a fait naguère à l'égard du bey de Tunis, le devoir d'empêcher ses nationaux de fomenter des troubles en Algérie et d'y venir faire des incursions. Si, au contraire, ils sont Cheraga, ceux-ci étant sujets français, il n'appartient qu'à la France de maintenir l'ordre chez elle en châtiant ses nationaux rebelles.

On les dit Garaba, mais on ne le prouve pas.

Les Oulad Sidi Tadj qui descendent comme cela a été mentionné plus haut, d'un fils de Sidi Cheikh, ne figurent ni dans l'arbre généalogique de feu Sidi Hamza, chef reconnu des Cheraga, ni dans celui de feu Sidi Cheikh Ben El-Taïeb, chef également reconnu des Garaba. Dans la grande scission qui s'est opérée entre tous les descendants de Sidi Cheikh et qui les a fractionnés en deux partis, celui des Cheraga ayant à sa tête El Hadj Bahouts et celui des Garaba ayant pour chef Bahouts El Hadj, les enfants de Sidi Tadj ont-ils embrassé la cause des premiers, se sont-ils prononcés en faveur des seconds? Voilà ce qu'il nous serait très-utile de connaître. Les investigations auxquelles je me suis livré à ce sujet n'ont abouti qu'à des conjectures et à de fortes présomptions.

Nos cartes nous donnent des renseignements fort incomplets et souvent contradictoires touchant les régions occupées en temps de paix par les Cheraga et par les Garaba. La carte dressée en 1855 à l'échelle de 1/400,000 par ordre du général Randon, d'après les renseignements fournis par le bureau politique, place le pays des Garaba immé-

diatement au sud—ouest du ksar d'El Abied Sidi Cheikh
et les Cheraga au nord. Une autre carte publiée en 1862
par E. Andrivaux Goujon d'après les cartes de l'état-major
et les documents du ministère de la guerre, place les Garaba au sud d'El Abied et les Cheraga au nord. Ainsi,
d'après ces deux cartes combinées, on pourrait conclure
que tout le pays situé à l'ouest d'El Abied serait celui des
Garaba tandis que celui qui est à l'est serait celui des
Cheraga. Cette démarcation serait rationnelle au fond. Elle
correspondrait assez aux espaces occupés par les tribus
composées en majeure partie des serviteurs respectifs de
chacune de ces branches. En effet, les Hammian, Djemba
et Chafa (1), les Beni Guill, dont les ksour sont à l'ouest
d'El Abied sont les serviteurs des Garaba, quelques
douars seulement servent les Cheraga. En ce cas le pays
des Oulad Sidi Tadj situé à l'ouest d'El Abied indiquerait
qu'ils sont Garaba. Mais quelle créance devons—nous accorder sous ce rapport à ces deux cartes qui plaçant le
ksar de Yich à l'est de la frontière du Maroc en font une
possession française alors que le traité du 18 mars 1845
dit formellement à l'article 5 que Yich appartient au Maroc? La carte dressée en 1876 au dépôt de la guerre
d'après les travaux de MM. Titre, Derrien et Parisot se
borne à déterminer le pays des Oulad Sidi Cheikh en général sans préciser la région des Cheraga ni celles des
Garaba. Il résulte de l'examen des différentes cartes que
nous possédons et des nombreux documents que j'ai con-

1. On compte aussi chez les Hammian Chafa beaucoup de serviteurs
de Sidi Ahmed Ben Youcet.

sultés que rien ne peut être précisé à cet égard. Toutefois l'on peut hardiment conclure que les Oulad Sidi Cheikh Garaba et les Hammian Djemba se trouvent au sud-ouest de la frontière dans une situation analogue à celle qu'occupent les tribus des Béni Mengouch Thata et des Attia au nord-ouest, c'est-à-dire qu'ils sont sujets marocains quoique résidant sur le territoire algérien (1).

Certains ont adopté la division suivante qui est purement arbitraire et n'a rien d'officiel :

Les Cheraga se composeraient des fractions ci-après : Oulad Sidi Mamar—Oulad Sidi Tahar—Oulad Sidi Ben Ed-Dine, — Oulad Sidi El Azerem, — Oulad Sidi El Arbi ;

Les Garaba se composeraient des fractions ci-après : Oulad Sidi Slimane, — Oulad Sidi Brahim, — Oulad Sidi Abd-el-Hukem, — Oulad El Hadj Ahmed, — Oulad Sidi Mohammed Abd-Allah, — Oulad Sidi Ben Aïssa, — Oulad Sidi Tadj.

Voilà les raisons qui porteraient à classer les Oulad Sidi Tadj parmi les Garaba. Mais les données suivantes révélées par les derniers évènements sont autant d'arguments qui plaident en faveur de l'opinion d'après laquelle ils doivent être rattachés aux Cheraga et, partant, doivent être considérés comme des sujets rebelles de la France.

Bou-Amama a habité les petits ksour d'El Benoud situés dans l'Oued El Rarbi dont la région est une dépendance

---

1. En ce qui regarde les Hammian Djemba, il se passe un fait bizarre et digne de toute notre attention, c'est que leur pays est situé immédiatement à l'est de celui des Hammian Chafa qui aux termes du traité sont algériens et dont le territoire touche la frontière.

essentielle des Cheraga. El Benoud se trouve sur la route
suivie par les Hammian Trafi qui se rendent annuellement
au Gourara. C'est là que par ses dévotions mystérieuses il
s'est préparé au rôle qu'il joue aujourd'hui; c'est là qu'il
récitait la prière du Fatha aux voyageurs de passage pour
leur porter bonheur en appelant sur eux la protection du
Très-Haut et ses bénédictions. Ceux-ci ne manquaient
pas de lui donner à leur départ quelques mesures d'orge
ou de blé et à leur retour quelques sacs des meilleures
dattes du Gourara. S'il n'avait pas appartenu aux Cheraga
ceux-ci ne l'auraient pas laissé habiter ce lieu de passage.
Ils n'auraient pas toléré que des offrandes qu'ils sont en
droit de considérer comme leur revenant fussent recueillies
sur leur propre territoire par un personnage de la branche
rivale. Bien plus, on assure qu'en 1864 Bou–Amama,
alors qu'il résidait à El Benoud, fut invité par Si El Ala et
par Mohammed Ben Hamza, successeur de son frère Si
Slimane qui venait d'être tué à l'affaire Beauprêtre, à se
joindre à eux pour nous faire la guerre et qu'il s'y refusa
formellement leur déclarant que leur rébellion était inop-
portune et qu'il la désapprouvait.

Bou-Amama a été en 1878 l'instigateur de la fuite du
jeune Hamza fils de Bou-Beker qui était à Géryville solli-
citant du gouvernement français qu'il voulût bien lui donner le commandement que son père a jadis exercé à notre
service. Hamza Ould Bou-Beker est le petit-fils de l'ancien
khalifa Sidi Hamza. Son père Bou-Beker nous a loyalement
servis. Il nous a débarrassés en le faisant prisonnier dans
les sables du désert d'un personnage des Oulad Sidi Cheikh

nommé Mohammed Ben Abd—Allah lequel rentrant de la Mecque nous faisait la guerre et s'était même emparé de la grande oasis d'Ouaregla. Bou-Beker avait succédé à son père Sidi Hamza dans le commandement des Oulad Sidi Cheikh. Il est mort en fonctions. Son fils est, par conséquent de la branche des Cheraga. On sait que Bou—Amama a préparé et facilité sa fuite en venant en personne d'El Abied Sidi Cheikh à l'insu de l'autorité locale. Il est permis de penser que si Bou-Amama était des Garaba il n'eût pas témoigné un intérêt aussi vif pour un membre de la famille des Cheraga.

Les défections des Trafi, des Laghouat du Ksel, des Chorfa, des Oulad Sidi Ahmed El Medjedoub, des Rezaïna tous serviteurs religieux des Cheraga auxquels ils ont donné dans maintes circonstances depuis 1864 des preuves d'un dévouement absolu est encore un indice de l'origine de Bou—Amama. En regard de cela nous voyons les Hammian Chafa dévoués aux Garaba rester tranquilles alors que leurs voisins du sud-est sont en état de rébellion.

La fuite de Si Slimane Ben Kaddour des environs de Méknès où le retenait l'empereur du Maroc, sa venue chez les Béni-Guil dévoués aux Garaba, les offres de service qu'il vient, assure—t—on, de nous faire en nous proposant de marcher contre Bou-Amama sont autant de faits concluants. Si celui-ci appartenait aux Garaba, Si Slimane Ben Kaddour n'oserait pas l'attaquer certain qu'il serait de se voir refuser le concours des Hammian, Béni-Guil et autres.

On objectera peut—être que Si Slimane Ben Kaddour depuis la mort du vieux Cheikh Ben Et-Taieb et de ses fils aspire à être le chef des Garaba et que Bou-Amama lui portant ombrage il cherche à le détruire, ne voulant pas être placé au second plan. Je répondrai : Si Bou-Amama était des Garaba, Kaddour l'aurait déjà combattu pour empêcher que la prépondérance des Garaba ne s'établisse sur les Cheraga et il l'aurait fait avec d'autant plus de succès que les partisans des Cheraga sont deux fois plus nombreux que les partisans des Garaba. Or, nous voyons que Kaddour Ben Hamza observe une attitude tout à fait expectante. Il se colporte parmi les indigènes que l'inaction de Kaddour Ben Hamza est la réponse au refus que fit Bou-Amama, en 1864, de se joindre à Si El Ala et à Si Mohammed.

Que recherche Si Slimane Ben Kaddour Si Slimane Ben Kaddour, livré à ses propres forces, ne peut rien. Son caractère mobile, passionné et violent, a éloigné de lui tous ceux qui ne le connaissant pas avaient voulu suivre son drapeau. Il n'a pas de partisans ; il n'a pas de point d'appui. Sa nature remuante ne lui permettant aucun repos, il cherche ce point d'appui pour prendre une part active aux évènements prochains. En s'adressant à nous, il espère que nous lui ferons une grande situation dans le sud et qu'il pourra, à la tête des Goums dont nous lui aurons donné le commandement, appuyé par nos baïonnettes, marcher à la rencontre de Bou-Amama. Il cherche aussi à tirer vengeance du sang des Garaba qu'ont fait couler si abondamment les Cheraga. Les haines sont traditionnelles dans ces familles rivales. Pourtant on a vu, rarement il est vrai, les hommes des deux branches marcher sous la même bannière, mais ce n'était qu'acciden-

tellement pour venger une injure commune ou pour se
faciliter réciproquement la capture d'un riche butin. L'entente n'a jamais duré. Trop de surprises ont eu lieu entre
les personnages importants des deux partis, trop de sang
a été répandu par eux pour que l'accord puisse subsister
longtemps. Nous n'en devons pas moins, pour rester dans
la vérité, constater qu'il s'opère de fois à autres. Si Slimane
Ben Kaddour a servi sous les ordres de Kaddour Ben
Hamza ; il a exécuté sous son commandement d'importantes razzia sur les Hammian et sur les Oulad Sidi Ahmed
El Medjedoub qui alors nous étaient fidèles. Cela ne l'a
point empêché de passer à notre service et d'aller ensuite
enlever les tentes et les familles de Kaddour Ben Hamza
profitant du moment où celui-ci, à la tête de ses contingents, s'était aventuré à l'est dans le Djebel Amour.

Nous nous tromperions étrangement si nous pensions
qu'il suffise qu'une branche se prononce contre nous pour
que l'autre se mette à notre service. N'oublions pas que
notre politique tergiversante qui s'est ressentie des changements si réitérés des personnes en ce pays, nous a
amenés à ce point que nous sommes actuellement en état
d'hostilité aussi bien avec les Garaba qu'avec les Cheraga.
Les uns comme les autres nous font la guerre pour acqué-
rir aux yeux des musulmans le titre de Moudjahadine
(champions de la foi), et surtout pour piller nos établissements. La situation étant ainsi, Si Slimane ben Kaddour
se voyant repoussé par nous, ira d'un autre côté. Déjà l'on
prétend que l'accord est établi entre lui et Bou-Amama. Je
ne serais point étonné d'apprendre qu'il s'est replacé sous

les ordres de Kaddour Ben Hamza ou qu'il travaille pro-
visoirement pour son compte avec les Rezaïna.

En somme, pour en finir avec Bou-Amama, je dirai qu'il
est très-difficile d'affirmer qu'il est plutôt des Garaba que
des Cheraga. Il est fort regrettable à tous égards que le
traité du 18 mars 1845 n'ait point déterminé quelles sont
celles des fractions des Oulad Sidi Cheikh qui constituent
les Garaba et quelles sont celles qui constituent les Cheraga. En ce qui concerne les individus compris dans les
arbres généalogiques de Sidi Hamza et de Sidi Cheikh Ben
Et-Taieb aucune hésitation ne saurait se produire : les
premiers sont Cheraga, les seconds Garaba. Mais pour ce
qui regarde tous les autres le doute est permis. Aucun
document que je sache n'existe pour trancher la question
d'une manière péremptoire. Cela nous place dans un cruel
embarras en nous empêchant de discerner ceux qui sont
sujets français de ceux qui sont marocains. Il y a là une
lacune qu'il faut faire disparaître en révisant, à l'amiable
avec la cour marocaine, le traité de délimitation du
18 mars 1845.

Les Oulad Sidi Cheikh.

Depuis 1864, les Oulad Sidi Cheikh jouent un rôle considérable en Algérie. Toujours poursuivis par nous, subis-
sant de temps à autres de grands revers, ils n'en continuent pas moins leurs attaques imprévues contre nos

établissements avancés, leurs courses rapides contre celles de nos tribus qui refusent d'embrasser leur cause.

En présence de leur persévérance obstinée à rester en état de rebellion malgré l'impuissance évidente de leurs efforts, en voyant surtout les graves désordres qu'ils provoquent non-seulement dans le sud, mais encore dans le Tell chaque fois qu'ils s'agitent, on comprend la grande importance qu'il y a pour nous à posséder une connaissance approfondie de leur origine, de leur histoire, de leur organisation, de leurs moyens d'action et du genre d'influence qu'ils exercent sur les populations sahariennes et telliennes.

On se demande comment il se fait qu'une tribu dont le pays est situé si loin de la lisière du Tell, dont les habitudes nomades offrent un si grand contraste avec les habitudes sédentaires des populations du Tell peut, à un moment venu, jeter le trouble parmi celles-ci en causant chez elles les perturbations que nous voyons s'y produire.

Cela tient à la constitution de cette tribu qu'il est utile de bien connaître pour saisir les fils conducteurs qui relient le Tell au Sahara. Une fois cette connaissance acquise, on constate qu'en Algérie les deux régions du nord et du sud ont beaucoup plus d'affinité qu'on ne le supposait en principe. De là se dégage l'explication naturelle des faits que nous avons vus se dérouler à nos yeux depuis 1864, et de ceux qui se produiront certainement encore dans un avenir plus ou moins prochain.

Origine de la tribu.

Les Oulad Sidi Cheikh sont les descendants d'un saint homme qui portait le nom d'Abd-el-Kader Ben Mohammed et les surnoms de Cheikh et de Bou-Amama. Selon la version la plus accréditée, ce personnage aurait vécu plus de cent ans et serait mort dans les premières années du dix-septième siècle. La goubba ou chapelle qui abrite sa dépouille mortelle se trouve à El Abied (1), au sud-ouest de Géryville.

Une légende pieusement conservée par sa postérité donne l'explication suivante sur la cause qui lui fit changer son nom d'Abd-el-Kader Ben Mohammed en celui de Cheikh.

On sait que les musulmans professent la plus grande vénération pour la mémoire de Sidi Abd-el-Kader El Djilani dont le mausolée s'élève à Baghdad. Ils l'invoquent dans les moments difficiles, dans les dangers les plus im-

1. El Abied, et non pas El Abiod, ksar, ou plutôt réunion de cinq ksour, doit son nom à un puits blanc qui y fut creusé du vivant de Sidi Cheikh et qui existe encore. Dans les premiers temps, on disait en arabe El Hassi El Abied, le puits blanc. Plus tard, quand ce lieu devint célèbre, les indigènes, pour abréger un nom de lieu trop long à prononcer, supprimèrent le mot puits et se bornèrent à prononcer celui de Blanc. Il entre dans le génie de la langue arabe de faire l'ellipse du substantif et de se servir que de l'adjectif. Cela se fait surtout pour les choses bien connues et dans un but d'abréviation facile à comprendre. C'est ainsi que nous trouvons fréquemment répétés sur nos cartes les mots el Beïda, el Hamra, el Khadera, etc., la Blanche, la Rouge, la Verte, pour la source Blanche, la source Rouge, la source Verte.

minents. Un cavalier sent—il son cheval broncher sous lui
et être sur le point de s'abattre, vite il invoque le nom de
Sidi Abd-el-Kader El Djilani pour se recommander à lui.
C'est encore en son nom que les mendiants demandent
l'aumône aux passants.

Abd-el-Kader Ben Mohammed, par sa piété, ses vertus
et ses bonnes œuvres s'était acquis un tel renom de sainteté dans la contrée, que les indigènes avaient contracté
l'habitude d'invoquer son nom chaque fois qu'ils se trouvaient dans une situation périlleuse.

Un jour, une femme portant son enfant sur le dos à la Légende.
manière arabe alla puiser de l'eau au puits blanc près duquel était la demeure d'Abd—el—Kader Ben Mohammed.
En se baissant pour dégager la corde du vase dont elle
allait se servir, elle fit un faux mouvement qui précipita
son enfant dans le puits. Elle jeta aussitôt un immense
cri de détresse en appelant Sidi Abd-el-Kader à son secours. Sur le champ les deux saints, Abd-el—Kader-el-
Djilani et Abd-Kader Ben Mohammed étendirent les bras
pour retenir le pauvre enfant. Dieu voulut que la main
d'Abd-el-Kader Ben Mohammed, celui qu'avait invoqué
cette femme, devançant celle de Sidi Abd-el-Kader El-
Djilani, saisit l'enfant et le remit sain et sauf à sa mère
éplorée. Alors Abd-el-Kader El Djilani dit doucement à
Abd-el-Kader Ben Mohammed :· « Il faut que l'un de nous
« change de nom afin qu'à l'avenir semblable méprise ne
« se renouvelle plus. — Ce sera moi, lui répondit son
« homonyme, car ta sainteté est trop supérieure à la
« mienne pour que je me permette de porter plus long-

« temps un nom aussi vénéré que le tien. Seulement je te
« demande comme une faveur insigne de vouloir bien dé-
« signer toi–même celui que je porterai à l'avenir. — Eh
« bien, reprit Sidi Abd–el–Kader El Djilani, tu t'appel-
« leras désormais Cheikh, et tu seras le fondateur d'une
« confrérie religieuse dont les adeptes seront aussi nom-
« breux que les étoiles du firmament, que les sables de la
« mer (1) ! »

A partir de ce jour les indigènes ne le désignèrent plus
que sous le nom de Cheikh (2).

De son temps Sidi Cheikh avait de très-nombreux
adeptes ou Khoddam qui le comblaient d'offrandes destinées à entretenir les nécessiteux du pays, à encourager
l'étude du Coran, à propager l'enseignement des pratiques
religieuses et des connaissances jurisprudencielles. Lui–
même était le serviteur d'un autre Saint. Son patron était
Sidi-Abd-er-Rahman-Moul-Es-Souhoul (l'homme au caractère doux). Il repose dans une goubba élevée près d'un
ksar qui porte son nom et qui est situé à une forte
journée à l'ouest de Bou-Kaïs dans le Maroc. Un jour
Sidi Cheikh lui fit don de trois esclaves noirs. Sidi Abd-
er-Rahman les accepta, puis les affranchit et les lui rendit
à condition qu'ils seraient chargés de l'administration des
biens de la Zaouïa.

Origine des nè-gres qui vivent avec les Ouled Sidi Cheikh.

Telle est l'origine des nègres qui vivent avec les Oulad

1. Monsieur le général de Colomb, dans son exploration des Ksour
et du Sahara de la province d'Oran, rapporte aussi cette légende,
mais avec quelques variantes.
2. Sibi Cheikh signifie : Monseigneur le Patron parce qu'il est le
patron de la confrérie qu'il a fondée.

Sidi Cheikh et qui, soit comme administrateurs de leurs biens ou comme soldats, les servent avec un dévouement absolu et sans borne, se faisant tuer sous leurs yeux sans reculer d'une semelle. Il est juste de dire que si les nègres sont dévoués à leurs maîtres ceux-ci les paient de retour. Dans la campagne que fit M. le général de Wimpffen à l'Oued Guir, en 1870, il était accompagné par Si Slimane Ben Kaddour suivi de son goum et de ses nègres. Le général lui ordonna de faire une reconnaissance au-delà de l'Oued Guir grossi par une crue subite provenant de la fonte des neiges qui recouvrent les hautes montagnes du sud marocain, semblables au Mont-Blanc,

En traversant le fleuve, le cheval que montait un nègre de Si Slimane Ben Kaddour s'abattit et projeta son cavalier près d'un gouffre où le courant très rapide de l'eau l'emporta en le faisant tourbillonner. Le nègre ne savait pas nager. Il allait infailliblement se noyer, car pas un des cavaliers qui faisaient partie du goum n'osait aller à son secours, aucun d'eux ne sachant peut-être nager. Si Slimane voyant cette scène, beaucoup plus longue à décrire qu'elle ne mit de temps à se produire, n'hésita pas un instant à se jeter à l'eau et à ramener sur la berge, après quelques efforts, le malheureux nègre qui avait déjà perdu connaissance mais qui grâce au dévouement de son maître fut sauvé.

Les faits de ce genre ne sont point rares ; on en trouve de nombreux exemples.

Aujourd'hui les descendants de Sidi Cheikh sont encore les serviteurs des descendants de Sidi Abd-er-Rahman.

Ceux-ci viennent tous les ans recevoir à titre de Ziara un tapis, un chameau, une négresse en commémoration de pareil cadeau fait jadis par Sidi Cheikh à son vénérable patron.

ncêtres de
idi Cheikh.

Les Oulad Sidi Cheikh font remonter leur généalogie jusqu'à Bou-Beker Es-Seddik, l'ami fidèle du prophète, qui lui succéda après sa mort. Cette prétention n'est étayée par aucune preuve sérieuse, au contraire. Ibn Khaldoun, l'auteur de l'*histoire des Berbères*, nous apprend, à la page 112 de ses prolégomènes, que les Béni Saad, chefs des Beni Yazid, fraction des Zoghba, desquels descendent les aïeux de Sidi Cheikh, prétendent être la postérité de Bou-Beker Es–Seddik, mais il ajoute que cette prétention ne saurait être justifiée attendu qu'elle est fausse. Toutefois il paraît hors de doute qu'ils sont originaires de l'Arabie et qu'ils faisaient partie de la seconde invasion arabe dans l'Afrique septentrionale, invasion qui date, comme l'on sait, du milieu du onzième siècle de notre ère.

Le premier d'entre eux dont les indigènes ont conservé le souvenir fut un nommé:

Sidi Mamar Bel-Alia qui, parti de Tunis vint s'établir au ksar de Roba (1) où il mourut et où il fut enterré. Son tombeau y est encore l'objet de la vénération publique :

Sidi Aïssa, son fils, lui succéda et mourut a Roba. Ses successeurs furent.

Bel Lahia ⎫
Bou Leila ⎬ Inhumés à côté de leur aïeul ;

1. Roba petit ksar situé sur la route de Géry-ville à El Abied, Il en existe deux portant le même nom. On dit au pluriel : les Arbaduat.

Sidi Bou Semaha décédé en Égypte allant en pèlerinage à la Mecque. Il laissa Sidi Slimane Ben Bou Semaha dont la goubba est à Figuig tout près du ksar des Beni Ounnif.

Les gens de Figuig lui attribuent un miracle assez singulier pour expliquer la présence de deux gros rochers gisants non loin de son tombeau.

Les habitants de deux grands ksour de Figuig : El Hammam et Zenaga, se trouvaient depuis longtemps en état d'hostilités. Les deux partis se livraient tour à tour aux plus cruelles représailles et la guerre menaçait de s'étendre sur toute la contrée, Slimane Ben Bou Semaha voulut s'interposer entre les belligérants pour les amener à faire la paix. Il mit tout en œuvre pour calmer les haines et leur inspirer des sentiments d'humanité que leur ignorance grossière ne pouvait concevoir. Se voyant sur le point d'être éconduit par des hommes exaspérés qui refusaient de prêter l'oreille à ses sages exhortations, il s'enflamma d'une sainte colère et leur dit : » Allez donc vous « instruire tous, grands et petits, sinon vous serez dévorés « par le feu éternel comme ces rochers que vous voyez là- « bas. » Soudainement deux rochers se détachèrent de la montagne qu'il avait indiquée et vinrent en roulant tourner autour de lui, lui criant « grâce! grâce ! » — « Grâce vous « est accordée, leur dit-il; vous serez affranchis du feu « qui tourmentera les méchants. » Les rochers cessant alors de rouler restèrent immobiles à l'endroit où ils sont encore. Ce spectacle émouvant impressionna tellement les récalcitrants qu'ils firent la paix sur-le-champ.

Sidi Slimane Ben Bou Semaha laissa deux fils et une fille :

1° Sidi Mohammed Ben Slimane dont la goubba est au ksar de Chellala Daharania ;

2° Sidi Ahmed El Medjedoub enterré au ksar d'Asla. Ses descendants sont les Oulad Sidi Ahmed El Medjedoub qui campent aux environs d'Asla. Ils ont embrassé la cause de Bou-Amama. Sidi Ahmed El Medjedoub avait le prénom de Bou-Homar, l'homme à l'âne, parce qu'il montait un âne sauvage qui le transportait en un clin d'œil à des distances considérables, dit la légende. C'est lui qui expulsa les Béni Amer de la région des ksour en lançant contre eux un anathème dont leurs descendants ont conservé le souvenir (1) ;

3° Lalla Sfiya patronne du ksar de Sficifa où on lui a élevé une goubba. C'est la mère de la tribu des Oulad Nhar. Elle épousa un chérif si beau de visage qu'il fut surnommé En-Nhar, le jour. Elle eut de lui un fils : Sidi Yahya. A sa mort elle fut enterrée à Sficifa. En-Nhar vint dans le Tell avec son fils qui devint la tige des Oulad Nhar. La goubba de Sidi yahya Ben Sfiya se trouve dans le pays des Oulad Nhar non loin de Sebdou. Les Oulad Nhar offrent cette particularité digne de remarque qu'ils ne sont point serviteurs des Oulad Sidi Cheikh. Une animosité traditionnelle règne entre les membres de ces deux familles : « Le mal ne devient terrible, dit un proverbe arabe, que « quand le fils de la sœur a grandi. » Les indigènes ne

1. Voyez ci-après page 68.

manquent jamais de citer ce proverbe quand on leur parle des Oulad Nhar et des Oulad Sidi Cheikh. Sidi Cheikh répondit à des officieux qui voulaient le réconcilier avec eux : « En vérité je ne ferai la paix avec les Oulad Nhar « que lorsque la nuit aura fait la paix avec le jour, l'eau « avec le feu, le chat avec la souris. »

Cette animosité est bonne à connaître, nous pourrions en tirer partie dans nos démêlés avec les Oulad Sidi Cheikh.

Le ksar de Sficifa de l'ouest, près de notre frontière ne doit sa fondation qu'à quelques familles pauvres qui vinrent s'établir près du tombeau de Lalla Sfiya. Les indigènes ont un proverbe très-répandu qu'ils citent pour expliquer la cause d'un événement : « Sans le tombeau de « Lalla Sfiya, Sficifa n'eût jamais existé. »

Sidi Mohammed Ben Slimane, le premier fils de Sidi Slimane Ben Bou Semaha eut deux fils :

1° Sidi Brahim Ben Mohammed enterré à El Abied devant le ksar occidental. Ses descendants forment plusieurs douars dont un camp aux environs de Bou-Semghoun. Les autres sont avec les partisans de Sidi Cheikh Ben Et Taïeb. La plupart résident au ksar des Béni Ounnif;

2° Sidi Abd-el-Kader Ben Mohammed autrement dit Sidi Cheikh.

Sidi Cheikh eut dix-huit garçons dont la postérité, à l'exception de trois qui n'eurent pas de descendants, constitue l'ensemble de ce qu'on appelle aujourd'hui la grande famille des Oulad Sidi Cheikh. Une remarque importante à faire, c'est que cette postérité ne vit point concentrée sur

un seul point, comme par exemple sur le pays qui d'a-
près nos cartes est le sien. On la trouve non pas seulement à l'état d'individus isolés, mais par fractions plus ou
moins compactes, dans le Tell algérien, dans la Tunisie, aux
environs de Touzer et de Nefta, deux villes importantes
qui renferment leurs magasins de grains, dans notre Sud-
Ouest, dans la grande vallée de l'Oued Guir où elle est
incorporée à la tribu des Douy—Meniâ, chez les Béni Guil,
dans la montagne des Amour qui domine les deux ksour
de Mograr, à Goléa, au Gourara, à Tabelkouza, ksar du
district de Tinerkouk; on la trouve enfin au Tidikelt où
deux de ses fractions campent aux environs d'Insalah.

Toutes ces fractions entretiennent des relations constantes. Elles obéissent à l'impulsion politique qui leur est
donnée par les chefs des branches rivales. Leur centre
d'action se trouve à El Abied ou sur les points où campent
les chefs, et leur influence rayonne sur d'immenses espaces. L'introduction, et l'accroissement incessant des Oulad Sidi Cheikh dans toutes les régions font que les indigènes, dans leur style imagé, comparent cette famille à un
superbe palmier dont les racines et le tronc sont fixés au
désert mais dont les rameaux magnifiques s'étendent ma-
jestueusement sur le Tell. Partout leur activité se fait
sentir, partout leur ascendant autoritaire est incontestable
et incontesté. En voici une preuve :

euve de l'au-
torité qu'ex-
cercent les
Oulad Sidi
Cheikh.

A l'époque de notre excursion à l'Oued Guir, lorsque
les Douy-Meniâ résolurent de nous combattre, ce fut à un
guerrier des Oulad Sidi Cheikh qu'ils confièrent le commandement suprême de leurs nombreux contingents. Ils

placèrent à leur tête Sidi El Arabi personnage le plus important des Oulad Sidi Ben Aïssa, fraction des Oulad Sidi Cheikh qui campe avec les Douy–Meniâ. Sidi El Arabi prouva qu'il était digne de la confiance que les Douy-Meniâ avaient en lui. Revêtu d'un burnous rouge il se battit au premier rang. L'ordre de bataille le mit en présence d'un jeune adversaire non moins brave que lui, monsieur de Rodelek, officier au 4ᵉ régiment de chasseurs d'Afrique, qui lui voyant un burnous rouge le prit d'abord pour un spahis marchant en avant de l'un de nos goum et le laissa approcher sans défiance. Mais aussitôt revenu de sa méprise monsieur de Rodelek le chargea avec la plus rare intrépidité et lui cassa la tête d'un coup de pistolet au milieu des cavaliers qui l'entouraient. Malheureusement ce courageux officier fut tué aussi, accablé par le nombre de ses ennemis supérieur de beaucoup à celui de son faible peloton.

Le fils de Sidi El Arabi, un vaillant jeune homme aussi, se battait d'un autre côté. Quand on vint lui apprendre la mort de son père, il s'écria qu'il le vengerait. Après être allé déposer un baiser respectueux sur le corps inanimé de l'auteur de ses jours, il retourna au combat le cœur déchiré par la douleur, l'âme altérée de vengeance. Ce fut au pied d'une énorme dune de sable rouge qu'il se fit tuer sous les yeux mêmes de monsieur le lieutênant-colonel Détrie. Les spectateurs de cette scène tragique n'ont certainement pas oublié la bravoure avec laquelle le fils de Sidi El Arabi est venu les attaquer à la tête de ses cavaliers. Ceux-ci reculèrent à la première décharge de mousqueterie qu'ils essuyèrent. Quant à lui, sa jument blanche mortellement atteinte s'abattit, mais il se dégaga vivement et il eut l'audace de s'avancer seul, à pieds, le pistolet à la main, vers les zouaves qui couronnaient la dune. Un zouave blotti derrière un buisson, au bas de la dune, se battit corps à corps avec lui et l'étendit sur le sable d'un coup de baïonnette qu'il lui porta à la gorge.

Lorsque nous attaquâmes le ksar de Bou–Kaïs, ce fut encore un homme des Oulad Sidi Cheikh qui dirigea la défense.

Après de pareils faits, lorsqu'on sait surtout qu'une foule de douars de cette famille sont disséminés dans les provinces algériennes et tunisiennes, il n'y a plus lieu de s'étonner du grand ébranlement qui se produit dans le Tell chaque fois que les principaux chefs y font une incursion. Ils y trouvent pour appui d'abord leurs contribules, ensuite leurs disciples, enfin leurs alliés séculaires qui les appellent au besoin. Par alliés séculaires il faut entendre celles des tribus qui durant les guerres intestines des Oulad Sidi Cheikh soutenaient l'un ou l'autre parti.

Je reviens aux descendants du grand marabout.

Enfants de Sidi Cheikh. Sidi Cheikh, ai-je dit, engendra dix-huit garçons. Je vais les nommer successivement en ayant soin d'indiquer les lieux où habitent leurs postérités.

1° El Hadj Bahout, né d'une fille de Sidi Ahmed El Medjedoub, enterré au ksar occidental d'El Abied, fondateur d'une zaouïa qui porte son nom, à laquelle appartient la plus belle forêt de palmiers de Goléâ. C'est sa postérité qui est l'ennemie de celle du suivant. El Hadj

Bahout est le premier chef des Cheraga. On trouvera plus loin l'arbre généalogique de ses descendants. Les Chaâmba Berazga, Mouadi et Hab-Rih affirment avoir été constitués en tribu par lui. Ils sont les serviteurs religieux dévoués de ses descendants. N'oublions pas que d'après les rapports des malheureux échappés au massacre, l'infortuné colonel Flatters a été trahi par les Chaâmba qui lui servaient de guides. Cette coïncidence me confirme dans l'opinion que j'ai, à savoir que la mission a été exterminée à l'instigation des Oulad Sidi Cheikh;

2° El Hadj Abd-el-Hakem, né d'une femme du Gourara; sa goubba est près du ksar oriental d'El Abied. Il a engendré Bahout El Hadj dont la postérité est l'ennemie de celle du précédent. Bahout El Hadj est le premier chef des Garaba. On trouvera plus loin l'arbre généalogique de ses descendants;

3° Sidi Boulanouar, enterré à Metlili où il a une goubba. Ses descendants forment une fraction qui campe près d'Insalah dans le Tidikelt. Ils doivent certainement avoir pris une part active au massacre de la mission Flatters;

4° Sidi Bou Hassen, enterré à Roura pays des Oulad Nhar. Il y a un mekam sans goubba; il n'a pas laissé de successeurs;

5° Sidi Ahssen, enterré à Roba où il a un mekam, n'a pas laissé de descendants;

6° Sidi El Houssin, enterré au ksar de Roba où il a un Mekam, n'a pas laissé de descendants;

7° Sidi Az-ed-Din, enterré au Ksar de Roba où il a un

mekam sans goubba, ses descendants peu nombreux vivent disséminés dans les autres fractions ;

8° Sidi Ben Aïssa le boîteux, enterré à Figuig chez les Beni Ounnif. Sa goubba s'élève non loin de celle de Sidi Slimane Ben Bou Semaha grand-père de Sidi Cheikh. Ses descendants se divisent en deux fractions. La première habite avec les Beni-Guil ; la seconde vit chez les Douy-Meniâ. C'est à cette dernière qu'appartenait Sidi El Arabi dont il est question ci-devant ;

9° El Hadj Brahim, frère germain de Sidi Ben Aïssa, est enterré à Mogurr Tahtani où il a une goubba. Ses descendants forment un douar d'une vingtaine de tentes environ. Ils campent avec les Béni-Guil autour de l'ancienne Zaouia de Cheikh Ben Et-Taïeb ;

10° El Hadj Ben Cheikh, enterré à El Abied. Ses descendants peu nombreux se sont divisés et campent avec Kaddour Ben Hamza et avec les Oulad Sidi Cheikh Garaba ;

11° Sidi Abd-er-Rahman, enterré au ksar des Rhamena à El Abied. Ses descendants forment deux douars qui vivent avec les Oulad Balagh du cercle de Daya et avec les Oulad Minioun de la commune de Lamoricière. Leur pays est à Tatfamane entre Sidi Bel-Abbès et Lamoricière. C'est par là qu'est passé Si Slimane Ben Kaddour en 1873 quand il s'est enfui des environs d'Aïn Témouchent ;

12° El Hadj Zerrouki ; on ignore le lieu de sa sépulture. Un de ses descendants repose sous une goubba située à l'Oued Seddra entre Tlemcen et Sidi Bel-Abbès ; les autres, peu nombreux vivent près d'Aïn Temouchent ;

13° El Hadj Mehammed Abd-Allah enterré dans une

goubba particulière à El Abied. Ses descendants sont connus sous le nom d'El Horch (pluriel de Harch qui veut dire grossier). Quelques-uns de ses descendants habitent El Abied, d'autres sont au Maroc. La portion la plus considérable forme un grand douar qui campe aux environs de Tabelkouza au Gourara ;

14° Sidi Tadj enterré avec El Hadj Ben Cheikh. Ses descendants sont en partie chez les Amour de l'ouest, en partie sur la région qui environne les deux Ksour de Mograr. Bou Amama appartient aux Oulad Sidi Tadj. Ceux-ci forment sa garde particulière ;

15° El Hadj Mohammed, enterré à El Abied. Certains prétendent à tort qu'il est enterré à Insalah. Ses descendants se divisent en deux fractions. L'une, la plus considérable vit dans les environs d'Insalah, l'autre, la plus faible attendu qu'elle n'a guère qu'une quinzaine de tentes, habite Bou-Aït au sud d'Aïn Temouchent. Leur présence sur ce point, au milieu des Béni-Amer, n'est certainement pas étrangère aux bruits qui ont circulé avec persistance de projets de révolte chez les Béni-Amer ;

16° Sidi El Mestefa, enterré avec El Hadj Mohammed. Ses descendants, vivent partie avec ceux d'El Hadj Mohammed, près d'Aïn Temouchent, partie chez les Oulhassa aux environs de Rachyoun ;

17° Sidi El Madani. On ignore le lieu de sa sépulture. Ses descendants habitent à El Bïaïd, entre la tribu des Oulhassa et celle des Oulad Khalfa. Ils ont encore un autre douar près de Lalla-Marnia ;

18° El Hadj Ahmed, enterré avec El Hadj Abd-el-Hakem,

dans la même goubba, à El Abied. Ses descendants sont :
1° les Oulad Bou-Asria ; 2° les Oulad Sidi El Mazouz. La
plus grande partie est avec Kaddour Ben Hamza. Quelques
tentes étaient revenues à El Abied. Elles ont eu l'honneur
de fournir un kaïd à l'administration. Il se nommait
Kaddour Ben El Hadj Cheikh.

ssion sur-
enue entre
s enfants de
idi Cheikh
t qui les a
ivisés en
heraga et
n Garaba.

Une scission s'est opérée dans cette grande famille entre
les descendants d'El Hadj Bahout, l'aîné des fils, et ceux
d'El Hadj Abd-el-Hakem, son frère, à propos de la répartition des immenses richesses offertes par les nombreux
prosélytes de la confrérie.

Sidi Bahout El Hadj fils aîné d'El Hadj Abd-el-Hakem
entama une lutte ouverte contre Sidi El Hadj-Ed-Din, l'aîné
des fils d'El Hadj Bahout. C'est à partir de ce moment que
les Oulad Sidi Cheikh se divisèrent en Cheraga, ou orien-
taux, et en Garaba, ou occidentaux, parce que les habitants du ksar d'El Abied, situé à l'est, entamèrent les
premières hostilités contre les habitants du ksar situé à
l'ouest. On sait que El Abied se compose de cinq ksour ou
villages. Tous les membres de la famille coururent aux
armes et embrassèrent la cause de l'un ou de l'autre parti.
Il se trouva que les partisans du ksar de l'est furent deux
fois plus nombreux que ceux du ksar de l'ouest. Ces derniers furent vaincus et contraints à se retirer dans la direction de Figuig. De là la supériorité marquée qu'ont
toujours eu les Cheraga sur les Garaba dans les combats
réitérés qu'ils leur ont livrés.

Pour caractériser le point de départ de cette querelle et
se le rappeler plus facilement tous les Oulad Sidi Cheikh

disent qu'ils se partagent en partisans d'El Hadj Bahout et en partisans de Bahout-el-Hadj. Comme on le voit, le mot El Hadj (Pélerin) selon qu'il précède ou suive le nom propre de Bahout qui n'est lui-même que l'altération du mot Bou Hafs, indique le parti de l'Est ou celui de l'Ouest.

C'est dans les descendances directes de ces deux personnages que nous allons retrouver les individualités qui sont dignes de notre attention par les rôles qu'elles ont jouées depuis notre domination et par ceux qu'elles pourraient jouer encore.
Personnalités des Cheraga.

El-Hadj Bahout, souche des Cheraga a laissé cinq fils :

1° El Hadj Ed Din enterré à El Hadj ed Din au sud du ksar de Brizina. D'après une autre version il serait enterré au Gourara et la goubba qui est au sud de Brizina n'abriterait pas ses restes mortels. Il a engendré Sidi Ben Ed Din que nous retrouverons tout à l'heure ;

2° El Hadj L'azeghem. Ses descendants sont au Tidikelt, dans les environs d'Insalah ;

3° El Hadj Boulanouar. Ses descendants habitent le petit ksar de Feguiguira, au Tidikelt, au nord d'Insalah ; il ne faut pas les confondre avec les descendants de Sidi Boulanouar fils immédiat de Sidi Cheikh ;

4° El Hadj Mohammed. Sa postérité a fondé une zaouia à plusieurs journées de marche au sud d'Insalah ;

5° El-Hadj-Abd-el-Kader. Ses descendants peu nombreux vivent, partie avec Kaddour Ben Hamza, partie à El-Abied.

Sidi Ben Ed-Din (fils d'El-Hadj Ed-Din), dont la goubba est à El Abied, a laissé deux fils.

1° Sidi Tahar dont les descendants forment un douar qui campe avec Kaddour Ben Hamza ;

2° Sidi El Arbi dont les descendants sont :

1° Sidi Kaddour Bel Arbi. Ses descendants forment un douar qui campe avec Kaddour Ben Hamza ;

2° Sidi Boubeker l'ancien qui a laissé :

Sidi El Arbi Ben Boubeker lequel a laissé :

Sidi Bou Beker le jeune qui a laissé :

Sidi Naïmi lequel a engendré cinq fils :

1° Sidi Bou Beker qui a laissé cinq fils que nous retrouverons tout à l'heure, parmi lesquels se trouve Sidi Hamza notre ancien khalifa ;

2° El Yazid mort sans enfants ;

3° Taïeb dont le fils Bou Beker vit avec la famille d'El-Mouradj ;

4° El Moaradj. Vivait encore il y a peu d'années avec Kaddour Ben Hamza. Il campait jadis avec les Béni Mathar ;

5° Sidi Djedid. Son fils Mamar Ben Djedid a été tué en 1866 par Si Slimane Ben Kaddour qui venait d'embrasser notre cause.

Sidi Bou-Beker, le premier fils de Sidi Naïmi a laissé cinq fils :

1° Sidi Hamza, notre ancien khalifa, mort du choléra à Alger en 1861, lequel a laissé sept garçons ;

2° Sidi Naïmi, tué à notre service par les Hammian. Il a laissé deux fils : El Moaradj et Bel-Arbi ;

3° Sidi El Ala homme très-remarquable qui a beaucoup fait parler de lui. Il est avec Kaddour Ben Hamza ;

4° Sidi Zoubir, homme réputé pour sa sagesse, mort en 1877.

5° Sidi Almed qui n'a jamais fait parler de lui.

Sidi Hamza, l'ancien khalifa a laissé sept garçons :

1° Sidi Bou Beker, mort de maladie à notre service en 1862. Il avait remplacé son père dans le commandement des Oulad Sidi Cheikh :

2° Sidi Slimane, c'est celui qui a levé l'étendard de la révolte en 1864. Il a été tué à l'affaire Beauprêtre ;

3° Sidi Mohammed, successeur de Sidi Slimane comme chef des rebelles. Il a été blessé grièvement par la colonne du général de Ligny, le 4 février 1865, à Gara-Sidi-Cheikh. Mort des suites de sa blessure ;

4° Sidi Ahmed, successeur du précédent, mort du choléra en 1867 ;

5° Kaddour Ben Hamza, chef actuel des rebelles ;

6° Ed-Din, mulâtre, frère puîné de Kaddour Ben Hamza.

7° Sidi Abd-el-Kader, vit avec ses frères.

Sidi Bou Beker le successeur immédiat de Sidi Hamza a laissé trois fils :

1° Hamza, jeune homme de vingt à vingt-deux ans qui héritera de l'autorité après Kaddour. C'est lui qui est venu à Géryville et qui s'est enfui en 1878 ;

2° Mohammed âgé de dix-sept à dix-huit ans.

3° Bou-Beker, du même âge à peu près que le précédent.

Comme on le voit, cette famille aux allures princières ne manque pas de rejetons.

re généa-
logique des
heraga.

Je vais à présent placer sous les yeux du lecteur l'arbre généalogique des Cheraga. Je ne l'ai point fait jusqu'ici, parce que le format du papier ne m'eût pas permis de faire suivre chaque nom d'individu de notes particulières assez étendues pour bien le distinguer et indiquer les lieux habités par ses descendants.

1er TABLEAU GÉNÉALOGIQUE.

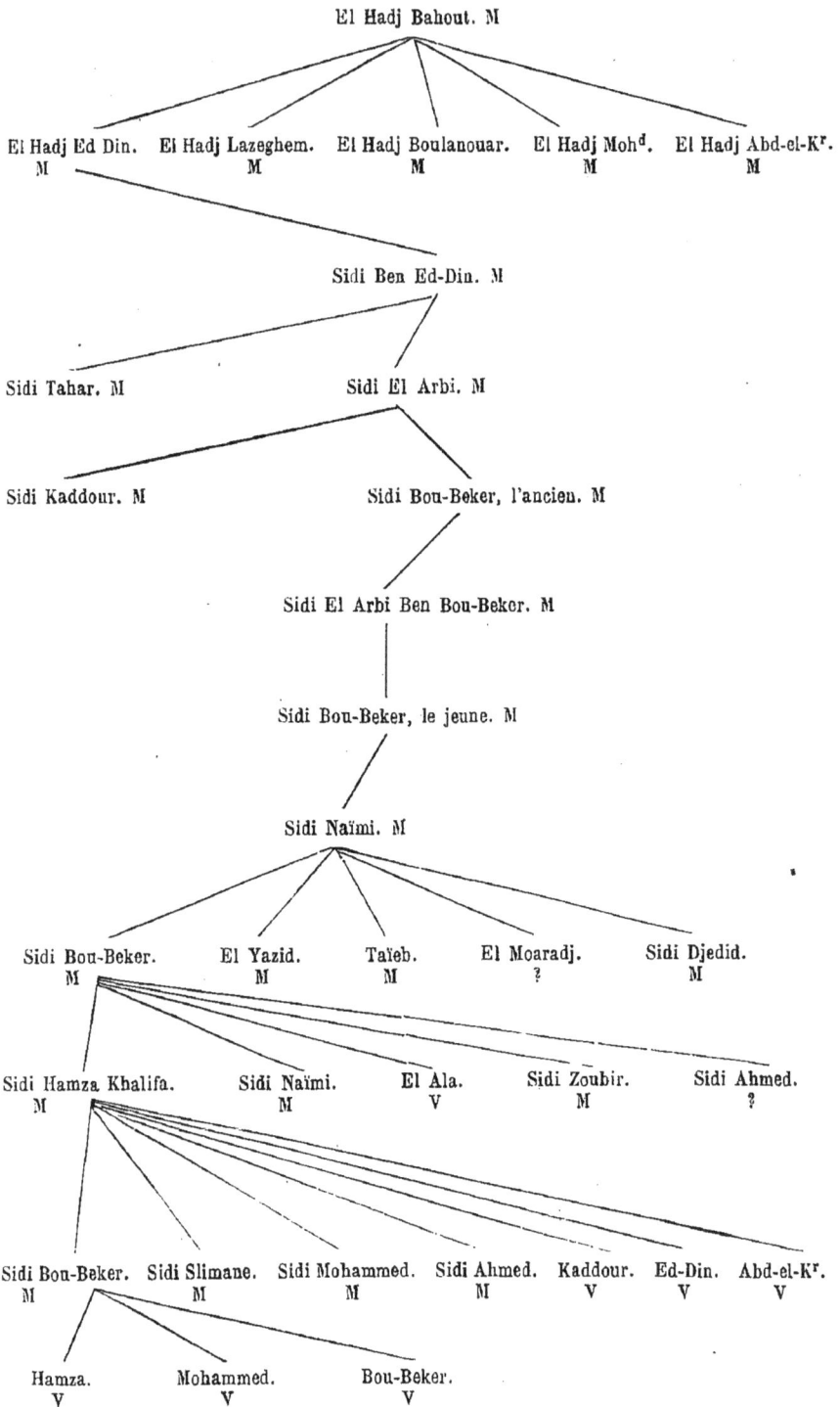

El Hadj Bahout. M

El Hadj Ed Din. M   El Hadj Lazeghem. M   El Hadj Boulanouar. M   El Hadj Moh^d. M   El Hadj Abd-el-K^r. M

Sidi Ben Ed-Din. M

Sidi Tahar. M   Sidi El Arbi. M

Sidi Kaddour. M   Sidi Bou-Beker, l'ancien. M

Sidi El Arbi Ben Bou-Beker. M

Sidi Bou-Beker, le jeune. M

Sidi Naïmi. M

Sidi Bou-Beker. M   El Yazid. M   Taïeb. M   El Moaradj. ?   Sidi Djedid. M

Sidi Hamza Khalifa. M   Sidi Naïmi. M   El Ala. V   Sidi Zoubir. M   Sidi Ahmed. ?

Sidi Bou-Beker. M   Sidi Slimane. M   Sidi Mohammed. M   Sidi Ahmed. M   Kaddour. V   Ed-Din. V   Abd-el-K^r. V

Hamza. V   Mohammed. V   Bou-Beker. V

Passons à la branche des Garaba.

Sidi Bahout El Hadj, fils d'El Hadj Abd-el-Hakem, souche des Garaba, est mort, dit-on, en Égypte. Il a laissé trois fils :

1º Kaddour, auquel je reviendrai plus bas ;

2º Sidi Bou Douaya, enterré à El Benoud. Ses descendants sont les Oulad Sidi Bou Douaya. Les uns accompagnaient Sidi Cheikh Ben Et-Taïeb, les autres forment un douar connu sous le nom d'Oulad Smaïn et habitent El Abied en temps ordinaire ;

3º Cheikh Ben Bahout. On ignore où se trouvent ses descendants parce qu'ils sont peu nombreux et vivent éparpillés dans les douars.

Kaddour, le premier des fils de Sidi Bahout El Hadj, a engendré :

Si Slimane qui a engendré Sidi Mohammed, qui a engendré Sidi Et-Taïeb, lequel est mort en laissant cinq fils :

1º Sidi Cheikh Ben Et-Taïeb. Ancien chef des Garaba, mort en 1870, enterré à Figuig auprès de son grand aïeul Sidi Slimane Ben Bou-Semaha ;

2º Slimane. Idiot qui vivait chez les Trafi ;

3º Kaddour, père de Si Slimane Ben Kaddour ex-agha des Hammian, qui s'est enfui au Maroc en 1873 et se trouve actuellement chez les Béni-Guil. Il nous a fait, paraît-il, des offres de services, mais son attitude est équivoque. Son frère, Si El Maradj, était resté à Fienda ;

4º Mohammed. Mort en laissant un fils, Cheikh, et une fille mariée à Si Slimane Ben Kaddour ;

5º Bahout. Ce personnage était passé à notre service

avec Si Slimane Ben Kaddour. Il avait un fils, si Bou-
Beker, très intelligent et très actif, qui secondait Si Slimane Ben Kaddour quand celui-ci était agha des Hammian.

Sidi Cheikh Ben Et-Taïeb avait sept garçons :

1° El Hadj El Arbi, assassiné par ordre de Kaddour
Ben Hamza, dans une razzia, le 3 août 1871 ;

2° Cheikh Moul-El-Fara, tué par la colonne du colonel
de Lajaille en 1870, à Tigri ;

3° Slimane, longtemps interné à Fez, assassiné avec son
frère aîné El Hadj El Arbi ;

4° Sidi Mamar. Il avait succédé à son père dans le commandement des Garaba ; il a été tué en 1874 au combat de
Mefich par le kaïd Djedid qui était à son service ;

5° Sidi Allal, âgé d'environ vingt-cinq ans, chef officiel
actuel des Garaba, dirige la zaouïa, absorbé par Si Slimane Ben Kaddour ;

6° El Moaradj a fait ses études à Fez ;

7° Zoubir, jeune homme de dix-sept à dix-huit ans.

A Sidi Cheikh Ben Et-Taïeb succéda son fils Sidi Mamar,
ainsi que cela vient d'être dit. Depuis la mort du ce dernier, les fils de l'ancien chef des Garaba n'ont plus fait
parler d'eux. Si Slimane Ben Kaddour paraît vouloir
s'emparer du commandement de cette branche, y par-
viendra-t-il? Cela dépendra de la conduite que tiendront
ses cousins, mais surtout de celle de Bou-Amama, s'il appartient réellement aux Garaba.

Arbre généa-
logique des
Garaba.

Voici l'arbre généalogique des Garaba :

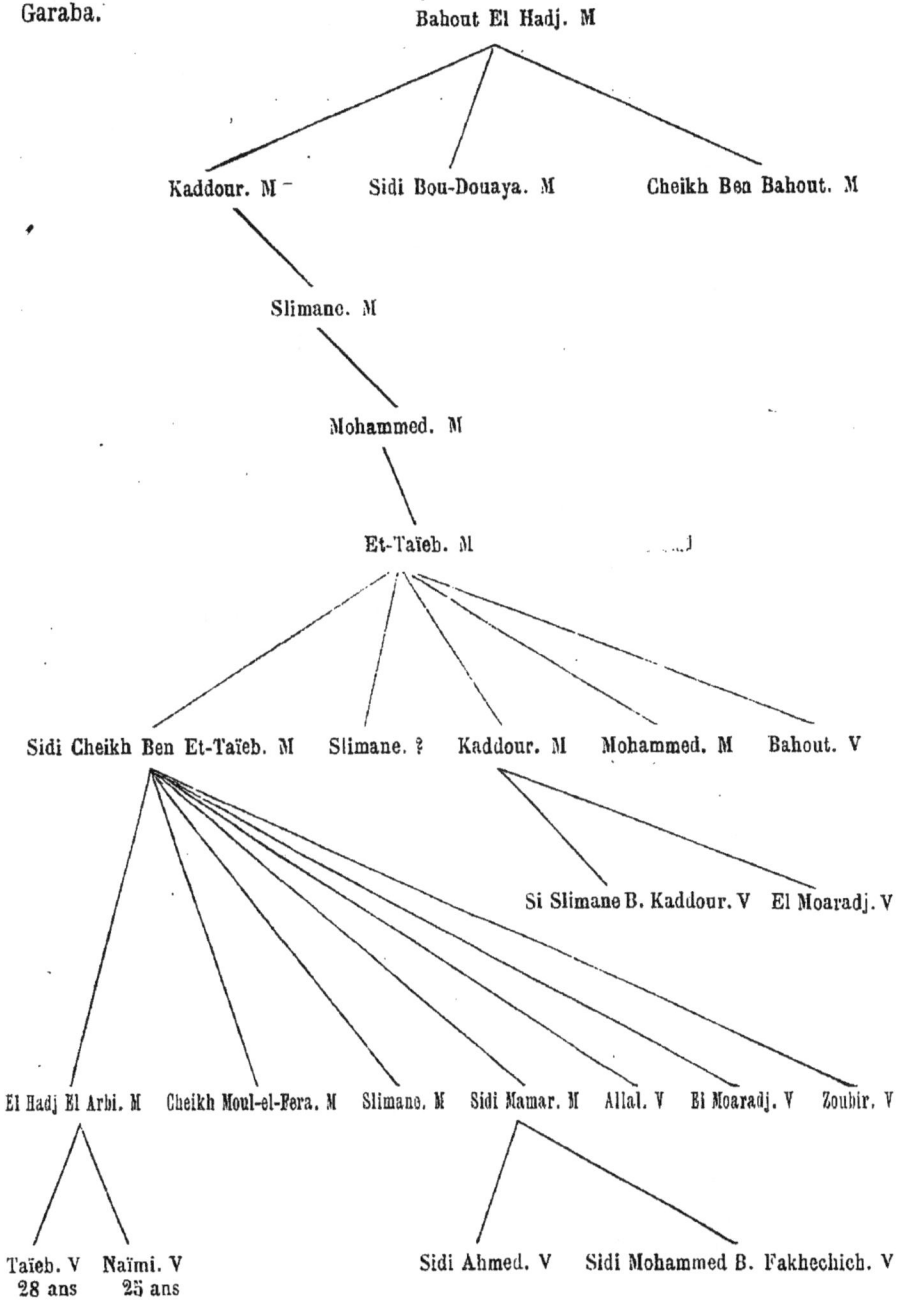

Bahout El Hadj. M

Kaddour. M —   Sidi Bou-Douaya. M   Cheikh Ben Bahout. M

Slimane. M

Mohammed. M

Et-Taïeb. M

Sidi Cheikh Ben Et-Taïeb. M   Slimane. ?   Kaddour. M   Mohammed. M   Bahout. V

Si Slimane B. Kaddour. V   El Moaradj. V

El Hadj El Arbi. M   Cheikh Moul-el-Fera. M   Slimane. M   Sidi Mamar. M   Allal. V   El Moaradj. V   Zoubir. V

Taïeb. V   Naïmi. V
28 ans   25 ans

Sidi Ahmed. V   Sidi Mohammed B. Fakhechich. V

Les Oulad Sidi Cheikh occupent un rang unique qui, en décuplant leurs forces, leur facilite les moyens d'imposer leur autorité aux populations ignorantes du désert. Ils joignent la noblesse d'épée à la noblesse religieuse, supériorité que l'on ne rencontre chez aucune autre famille au même degré : « Dieu, disent les indigènes, leur a « donné la Baraka et la Haraka (1). » C'est-à-dire qu'il leur a accordé la puissance religieuse et la puissance militaire, autrement dit, le pouvoir temporel et le pouvoir spirituel.

En réalité, ils sont Djouad ou nobles d'origine, parce que leurs aïeux sont venus d'Arabie au onzième siècle de notre ère avec les tribus hilaliennes et zoghbiennes. La marque distinctive de leur noblesse est un bouquet de plumes d'autruches noires qui surmonte le sommet de leurs tentes. De plus, leur ancêtre Sidi Abd-El-Kader Ben Mohammed leur a procuré l'ascendant religieux en fondant la confrérie dont ils sont les chefs.

Leur puissance militaire s'appuie sur une intrépidité individuelle que nul ne met en doute, sur une connaissance parfaite du Sahara et du Tell, et sur des esclaves nègres qui sont d'une bravoure hors ligne, d'un dévouement à toute épreuve. Tous sont armés de fusils à deux coups, de longs pistolets, et de sabres marocains excessivement acérés.

Leur puissance spirituelle se manifeste par des impré-

1. Le mot Baraka signifie bénédiction. Quant à Haraka, les Sahariens se servent de ce mot dans un sens qui ne se trouve point dans les dictionnaires. Pour eux, faire une Haraka, c'est faire une expédition militaire, tenter une attaque dans une région lointaine.

cations lancées contre leurs ennemis ou par des invocations faites en faveur de leurs fidèles : *malédictions, bénédictions !* tels sont leurs moyens d'action sur des peuplades ignorantes et superstitieuses qu'enveloppent encore les ténèbres du moyen âge. L'indigène que nous croyons le plus civilisé, celui que des relations constantes avec nous ont le plus façonné à nos mœurs, à notre scepticisme est profondément convaincu qu'il lui arrivera malheur s'il est l'objet de la colère d'un membre de cette famille, et, qu'au contraire, ses biens, sa personne, sa famille prospèreront s'il est l'objet d'une invocation favorable de sa part.

Je vais citer quelques exemples qui prouveront combien est grande la foi que les indigènes professent pour le pouvoir religieux des marabouts et comment ils expliquent les principaux évènements de l'histoire.

La grande tribu des Béni-Amer qui occupe actuellement la partie centrale du Tell de la province d'Oran, habitait autrefois les régions qui s'étendent du Djebel Amour (1) aux ksour de Mograr, à l'ouest, et aux Areg, au sud. Son chef, Abd-el-Hak, homme orgueilleux et impie, se livrait à toutes sortes de violences et ses Béni-Amer traitaient leurs voisins de la façon la plus indigne. Un jour Abd-el-Hak enleva la femme d'un habitant de Chellal. Celui-ci vint le supplier de la lui rendre. Ses supplications furent inutiles. Il se rendit alors chez Sidi Ahmed El Medjedoub, oncle de Sidi Cheikh, dont il a été question ci-devant, qui

Légende expliquant l'entrée dans le Tell de la tribu des Béni-Amer.

1. Le Djebel Amour se nommait jadis Djebel Rached. Son nom a été changé à partir du moment où les Béni-Amer s'y sont fixés. Amour est le pluriel de Amer.

voulut bien l'accompagner à la demeure d'Abd-el-Hak et intercéder en sa faveur. Malgré les vives instances du saint personnage, le ravisseur persista à garder une femme que la loi de Dieu lui interdisait d'approcher. Il fit plus, il s'oublia au point de maltraiter le vénérable intercesseur. Sidi Ahmed El Medjedoub entrant en fureur enfonça son bâton en terre et lança contre Abd-el-Hak et ses Béni-Amer l'imprécation suivante:

« Abd-el-Hak, tu vas mourir; notre terre refusera de
« recouvrir ta dépouille! Quant à vous, Béni-Amer, que
« Dieu fasse luire pour vous un jour terrible où vous serez
« dévorés par une soif ardente!

« Que vos populations, subitement frappées d'une ter-
« reur panique, fuient en désordre, avec une telle préci-
« pitation qu'elles aillent en un jour des sources de Messif
« jusqu'à leurs campements d'Eté! »

A peine avait-il achevé ces mots qu'Abd-el-Hak expirait dans d'atroces douleurs; que mille cris d'alarme se répé-taient d'un bout à l'autre des campements de la tribu. Chaque famille éperdue abattait sa tente, la chargeait à la hâte sur un chameau et rejoignait les groupes des Béni-Amer qui fuyaient déjà en désordre vers le nord. La pré-cipitation fut si grande que des enfants qui jouaient à la balle à l'ombre d'une berge, près de Mograr, furent ou-bliés par leurs parents et moururent de faim. On montre de nos jours cette berge qui depuis cet événement porte le nom de Berge des Enfants (جُرف الأطفال, Djorf-el-atfal).

D'après la légende, les Béni-Amer, partis des ksour dans la journée, arrivèrent la nuit même dans la plaine de

Messer, à vingt-trois kilomètres de Sidi Bel-Abbès. Ils y enterrèrent Abd-el-Hak sur un tertre qui a pris son nom. Le lieu témoin de l'imprécation de Sidi Ahmed El Medjedoub est situé près de Chellala. C'est un petit mamelon nommé Koudiat-Abd-el-Hak. On y montre le trou que fit le bâton du marabout en pénétrant dans le sol.

El Messif sont deux sources situées à quelques kilomètres au nord du ksar d'Asla. Les campements d'Eté des Béni-Amer s'étendant à cette époque de la plaine de Messer au mont Tessala, la distance moyenne qu'ils auraient parcourue serait de quatre-vingts lieues !

Telle est la légende de l'installation définitive de cette tribu sur la contrée qu'elle occupe aujourd'hui. Ce qui cause une surprise, ce n'est pas la légende en elle-même qui évidemment a été brodée, après coup, sur un évènement historique, mais c'est la foi profonde qu'y ajoute tout homme des Béni-Amer qui la raconte ; ce sont les lieux que je viens de citer qui existent réellement et sont autant de preuves mises à l'appui de l'événement.

Sidi Cheikh s'adressant un jour aux gens de la tribu des Mhaïa leur a dit :

« Je vous accorde trois faveurs.

« La première, c'est d'être tous, sans conteste, les fils de Mhaïa (1) ;

« La seconde, d'atteindre aux plus grandes prospérités;

« La troisième, de devenir tellement nombreux que les

1. Les hommes de cette tribu prétendaient descendre d'une femme illustre nommée Mhaïa. Les mauvaises langues de l'époque leur contestaient cette origine, Sidi Cheikh par cette invocation en leur faveur a levé tous les doutes.

cols des montagnes seront trop étroits pour vous laisser passer avec vos immenses troupeaux.

« Mais si jamais vous abandonnez mes enfants on dira de vous :

« Hélas ! Ils furent ici. »

Les Mhaïa ont manqué de fidélité aux Oulad Sidi Cheikh. La tribu, considérable autrefois, a presque disparu après avoir été riche et puissante. Ses tentes sont dispersées dans le Tell. Une faible fraction subsiste encore et cherche vainement à se rattacher à eux.

Il y a plusieurs années l'empereur du Maroc, sur la demande du gouvernement français, avait fait arrêter El Hadj El Arbi, fils de Sidi Cheikh Ben Et-Taïeb. Il le retenait en otage à Oujeda afin de l'empêcher de prendre part aux incursions des Cheraga sur notre territoire. On raconte qu'un jour El Hadj El Arbi, attristé de se voir retenu prisonnier, monta sur le minaret de la mosquée qui domine le vaste pays d'Angad. Parvenu au faîte de l'édifice, il se découvrit la tête et promenant ses regards inondés de larmes sur la plaine qui s'étendait à ses pieds, il lança l'imprécation suivante :

« Pays d'Angad, malgré ma jeunesse tu fais blanchir mes cheveux ;

« Puisse Dieu ne t'accorder ni blé ni orge !

« Puisse-t-il empêcher chameaux et chamelles de se repaître de tes herbes !

Depuis cette époque, au dire des indigènes une sécheresse persistante désole cette malheureuse contrée.

Sidi Ahmed Ben Hamza, l'avant-dernier chef des insur-

4

gés, pour favoriser ses partisans, a fait pour eux l'invocation suivante :

« Que vos moutons aient la bouche dans l'herbe fraîche !
« Les pieds sur la terre mouillée,
« Les yeux fixés sur les éclairs.

Les moutons ont tellement pullulé que ses serviteurs fidèles n'ont pas souffert de la grande famine qui a ravagé le Tell.

La tribu des Hammian, pour n'être pas restée dévouée aux Oulad Sidi Cheikh, a encouru de Kaddour Ben Hamza l'imprécation que voici :

« Allez, ô Hammian, que Dieu abrutisse vos enfants !
« Qu'il fasse perdre l'esprit à vos vieillards !
« Vous serez le tronc et je serai la scie qui vous coupera.
« Que Dieu vous rende pareils à une chamelle égarée qui ne sait de quel côté se diriger !
« Que la misère soit constamment sur vous !
« Que chaque tribu auprès de laquelle vous passerez dévore un de vos quartiers !

Depuis ce moment, la tribu des Hammian a subi des pertes considérables. Razziée tantôt par les Français, tantôt par les Oulad Sidi Cheikh, tantôt par les Béni-Guil, elle a vu décroître sa population et ses richesses dans d'énormes proportions. Parfois, pour fuir la colère de Kaddour Ben Hamza, les Hammian sont obligés de se réfugier chez les tribus de la lisière des Hauts-Plateaux. Leur entrée dans les bois du Tell leur coûte toujours des milliers de moutons que leur mangent les chacals ou leur enlèvent les maraudeurs.

Je ne tarirais pas si je voulais rapporter tous les faits de ce genre qui sont à ma connaissance. Ceux que j'ai cités suffisent pour expliquer la terreur que les Oulad Sidi Cheikh inspirent aux populations et aussi pour préciser le genre d'ascendant qu'ils exercent sur elles.

Dès le principe, il n'y avait à El Abied que la grande zaouïa de Sidi Cheikh dont les produits se partageaient entre toutes les familles. Après que El Hadj Bahout eut. fondé la seconde zaouïa et que la division se fut mise entre les Oulad Sidi Cheikh, il intervint un accord à la suite duquel les offrandes et les revenus de la grande zaouïa furent partagés également entre les Cheraga et les Garaba. Mais les offrandes et les revenus de la zaouïa d'El Hadj Bahout restèrent exclusivement aux Cheraga. De là résulte que sur la totalité des biens, les Cheraga perçoivent les deux tiers alors que les Garaba ne perçoivent qu'un tiers. Les forces respectives des deux partis existent dans les mêmes proportions. *Le Zaouïa.*

Il y a deux sortes de zaouïa : les zaouïa sédentaires, les zaouïa ambulantes. Les premières sont celles d'El Abied ; les secondes sont celles qui accompagnent les chefs des deux branches dans leurs pérégrinations.

J'ai dit en parlant de Sidi Cheikh, qu'il avait fait don de trois esclaves noirs à son patron Sidi Abd-el-Rahman Moul Es-Souhoul et que celui-ci les affranchit, puis les lui rendit à condition qu'ils seraient chargés de l'administration de la zaouïa. Ces trois affranchis ont été les tiges d'une vingtaine de familles qui entourent aujourd'hui les chefs des branches rivales. Elles forment diverses catégories *Les nègres.*

selon qu'elles habitent le ksar ou qu'elles campent avec leurs seigneurs ; selon qu'elles sont au service des zaouïa ou à celui de certains maîtres. Les nègres qui desservent les zaouïa se rendent périodiquement dans les tribus du Sud et du Tell où se trouvent les khoddam ou serviteurs de l'ordre pour y percevoir leurs redevances et leurs offrandes. La redevance de chaque famille de serviteurs, à laquelle elle ne saurait ni ne voudrait se soustraire, se compose d'un mouton adulte destiné à la grande zaouïa, mouton qui porte en arabe le nom de Chat Sidi Cheikh (mouton de Sidi Cheikh) et d'un agneau destiné à la zaouïa d'El Hadj Bahout. Si la famille est riche, elle donne plusieurs moutons, plusieurs agneaux, une chamelle avec son petit. Quelquefois plusieurs familles se cotisent pour acheter une chamelle. Si la famille est pauvre, qu'elle ne possède ni moutons ni chameaux, elle paie sa redevance en argent, les animaux étant estimés au prix du cours. Les offrandes se composent de tout ce que les indigènes donnent volontairement de très-bon cœur, en sus de la redevance. C'est de l'argent, des grains, du beurre, de la laine, des tapis, des étoffes de soie pour orner l'intérieur des goubbas où reposent les personnages les plus illustres de la famille des Sidi Cheikh.

Tous les nègres indistinctement ne sont pas chargés de l'administration et de la perception. Seuls les individus qui par de grands services de guerre ou autres ont su mériter la confiance de leurs maîtres sont investis de cette mission. Les autres constituent ce que j'appellerai l'escadron sacré dont j'ai parlé précédemment. Eux aussi se sont divisés comme leurs maîtres en prenant parti pour les uns contre les autres.

Kaddour Ben Hamza.

Kaddour Ben Hamza est le fils d'une négresse appelée Bent Yaïch. Il est âgé de trente-cinq à trente-six ans et il était l'aîné de Si Ahmed, mort du choléra. Homme très-énergique, il avait cédé l'autorité à son frère puîné pour être agréable aux dissidents qui avaient témoigné le désir de voir celui-ci à leur tête. Il se livrait à l'étude, mais cela ne l'empêchait point d'accompagner Si Ahmed dans ses excursions. Un jour qu'un homme des Oulad Ziad lui reprochait de n'être que le fils d'une négresse, il le tua raide d'un coup de pistolet.

Avec lui se trouve son frère Ed-Din, issu d'une autre négresse éthiopienne, Ed-Din est âgé de vingt-huit à trente ans. C'est lui qui est venu à Oran demander qu'on lui rendît le commandement de son père Sidi Hamza. Il proposait, a-t-on dit, de garantir la tranquillité et de faire rentrer tous les membres de la famille, à l'exception de Kaddour, son frère, et de Si El Ala, son oncle, trop compromis pour oser se livrer. Ils devaient tous les deux résider à Figuig. Ed-Din répondait d'eux et affirmait qu'ils ne troubleraient pas le pays. Si telles étaient les propositions de ce jeune homme, propositions qu'il était venu faire du consentement de son frère, de ses oncles et de ses cousins, je crois que l'on a eu tort de ne point les accepter.

Son frère Ed Din.

Kaddour Ben Hamza exerce le pouvoir à l'aide de deux conseils : l'un intime, composé de ses plus proches parents, l'autre, d'un caractère moins privé, composé des principaux personnages des tribus qui embrassent sa cause.

Dans le premier conseil se fait remarquer en première ligne Si El Ala, qui est à la fois un homme d'action et un excellent conseiller. Ayant été blâmé par Si Ahmed pour n'être point entrè dans le Tell par la vallée de la Mekena en octobre 1864, il s'était d'abord retiré dans l'Est, puis à Timimoun, dans le Gourara. A l'avènement de Kaddour, celui-ci le rappela auprès de lui par une lettre rédigée dans les termes les plus flatteurs, s'engageant à ne se conduire désormais que par ses conseils.

Après Si El Ala vient El Hadj Cheikh, nègre de Kaddour. C'est un homme important et capable qui jouit de toute la confiance de son maître. Son rôle est considérable par les fonctions dont il est revêtu, qui sont en quelque sorte, — sur une très petite échelle, — celle de ministre des finances. Elles consistent à faire entrer dans le trésor le produit des perceptions religieuses que d'autres nègres vont collecter chez les serviteurs de l'ordre.

Si El Foudil, secrétaire particulier de Kaddour Ben Hamza, originaire de l'est. C'est lui qui fut cause de la querelle de Si Slimane Ben Hamza et du capitaine Burin pendant le voyage qu'ils firent ensemble à Ouaregla ;

Le jeune Hamza fils de Bou-Beker, héritier présomptif du pouvoir, fait aussi parti du conseil privé. Il se fait remarquer par une belle intelligence et par son caractère entreprenant. Il a effectué en 1879 un coup de main contre nos tribus des environs de Touggourt qu'il est parvenu à razzier ;

Sidi El Moaradj, frère de Si El Ala. C'est un homme sans valeur ;

Ed-Din, frère de Kaddour, homme très-intelligent.

Tels sont les membres marquants qui composent le premier conseil. Ceux du second conseil varient en raison de la fluctuation des tribus qui passent tour à tour de notre camp dans celui de nos ennemis.

Depuis leur scission qui date de très-loin, les Cheraga et les Garaba se sont livré une foule de combats plus ou moins sanglants que je ne veux pas énumérer, car ce serait trop long. Je me borne à mentionner leurs derniers démêlés pour en arriver à établir leurs situations respectives.

Sidi Cheikh Ben Et-Taïeb était mort vers la fin de l'été de 1870. Son fils, Sidi Mamar lui avait succédé dans le commandement des Garaba. Au printemps de 1871 des pourparlers s'étaient engagés pour l'intermédiaire de nos chefs indigènes, entre l'autorité française et Sidi Mamar secondé par son frère El Hadj El Arbi. Kaddour Ben Hamza, prévenu de ce qui se passait, vit dans ces faits les indices d'une trahison qui ne tendait à rien moins qu'à se saisir de sa personne et de celles de ses oncles pour les livrer aux Français. Il s'empressa de réunir un certain nombre de cavaliers dévoués et le 3 août au point du jour il tombait sur les campements des Garaba qu'il razziait impitoyablement. Dans le combat qui s'ensuivit El Hadj El Arbi fut massacré, son frère Slimane perdit la vie et

Kaddour Ben Hamza surprend les Garaba.

Sidi Mamar ne préserva ses jours que par une fuite précipitée en abandonnant ses femmes et ses enfants. Il vint se réfugier chez les Hammian campés près de Magenta. Les troupeaux et le butin de plus de vingt douars restèrent aux mains de Kaddour Ben Hamza.

Après cette agression, il ne lui parut plus possible de prolonger son séjour dans le sud-ouest. Il résolut, en conséquence, de passer au sud et de se rendre dans l'est. En opérant ce mouvement il trouva le moyen de tenter un coup de main sur nos tribus qui venaient de donner l'hospitalité à Sidi Mamar. Le 11 et le 12 novembre ses cavaliers galopaient sur les troupeaux des Beni Mathar, des Hammian et des Oulad Nhar qu'ils enlevaient près des Chots. De plus, un convoi de vivres, parti le 11 de Daya pour ravitailler une de nos colonnes qui se trouvait à El Mechena, devint en entier la proie des coureurs. Ce convoi n'était escorté que par quelques goumiers qui s'empressèrent de prendre la fuite dès qu'ils virent l'ennemi.

Revanche des Garaba.

Sidi Mamar profita alors des mauvaises dispositions que nourrissaient contre Kaddour Ben Hamza les tribus qui venaient d'être razziées pour tenter de prendre la revanche de la journée du 3 août. Il s'entendit avec Si Slimane Ben Kaddour et tous les deux se mirent à la poursuite de l'ennemi commun. Du côté de Mascara l'agha Kaddour Ould Adda, à la tête des goums de cette subdivision, s'avança aussi vers le sud. Le 23 et le 24 décembre, nos goums, par un mouvement bien combiné, atteignaient les campements de Kaddour Ben Hamza au sud d'El Benoud, à El Hamad. Ils lui enlevaient la plus grande partie des dissidents, plus une forte portion de nos Hammian qui, avec leur chef Djelloul Ould de L'Akhedar, venaient de défectionner. Kaddour et les Oulad Sidi Cheikh s'enfuirent dans la direction d'Ouaregla.

Peu de temps après cet événement les Cheraga sont re-venus à l'ouest où ils n'ont cessé de nous susciter toutes sortes d'embarras par leurs intrigues incessantes avec toutes nos tribus du sud, et même du Tell. Ils sont actuel-lement chez les Douy-Meniâ, disent les uns, à Dra ou Derâ, disent les autres. Ils composent une force assez appré-ciable. Leur action se fait sentir dans le sud de nos trois provinces et au delà. On peut affirmer qu'ils sont, comme par le passé les maîtres du Sahara. Ce sont eux, à n'en pas douter, qui, joints à leurs frères d'Insalah, ont poussé les Touareg à attaquer la mission Flatters et qui ont fait trahir le colonel par leurs Chaamba dévoués. Peu de temps avant que nous parvienne la fatale nouvelle, le bruit a couru dans le Tell que Kaddour Ben Hamza s'était rendu au Gourara. Rien ne prouve, jusqu'à présent, qu'il ait pris une part directe au massacre, mais je suis bien convaincu que ses frères du Tidikelt se trouvaient parmi les assas-sins. Ce sont encore eux, les Cheraga, qui en 1879 enle-vaient non loin de Brizina, mille chameaux à nos tribus fidèles.

Situation actuelle des Cheraga.

Les chefs actuels des Cheraga, tous remplis d'énergie, ne paraissent pas vouloir renoncer à la lutte. Les chefs futurs grandissent dans des sentiments de haine à l'égard des Français. Les uns et les autres sont nombreux, riches et pleins d'audace.

uation ac-
tuelle des
Garaba.
Quant aux Garaba, ils sont beaucoup moins prospères.
La brusque attaque du 3 août 1871 leur a porté un coup
dont ils ne se sont plus relevés. Ceux qui avaient échappé
au pillage de Kaddour Ben Hamza, accompagnés par les
Rezaïna qui avaient émigré au Maroc, sont venus camper
sur notre territoire pendant que Sidi Mamar, leur chef,
marchait contre son ennemi. Dès que l'autorité française
eut appris la réussite du coup de main tenté par nos
goums au sud d'El Benoud, elle fit cerner leurs douars et
elle les interna dans d'autres tribus. Les familles des Oulad Sidi Cheikh qui constituaient la zaouïa de Sidi Mamar,
c'est-à-dire l'ancienne Zaouïa de Sidi Cheikh Ben Et Taïeb,
furent internées chez les Harar Cheraga près de Frenda.
Les Rezaïna furent réintégrés dans le cercle de Saïda dont
ils dépendaient jadis ; ils ont défectionné de nouveau. Le
douar formé par l'entourage de Si Slimane Ben Kaddour
fut interné aussi près de Frenda. Plus tard on l'interna
dans les environs d'Aïn Temouchent. C'est de là que l'ex-
Agha des Hammian s'est enfui en 1873.

Sidi Mamar indigné de la conduite des Français à son
égard qui internaient sa famille au moment même où il
venait de leur rendre service, prit la fuite en abandonnant
ses femmes, ses enfants, ses familiers et ses troupeaux, et
se réfugia chez les Amour. Ensuite il passa chez les Beni-
Guil où il recruta un goum à la tête duquel il fit sur nos
tribus, en 1874, une incursion qui se termina par le combat de Nefich dans lequel il perdit la vie.

aractère de
Si Slimane
Ben Kad-
dour.
Si Slimane Ben Kaddour a une grande énergie, mais il
est sans valeur comme homme politique. D'un caractère

très mobile, passionné à l'excès, n'ayant aucun respect de la vérité, il est incapable de maîtriser son tempérament emporté. Le peu de suite de ses idées, ses manières violentes, son ardente soif des richesses, lui ont constamment attiré de grands embarras de la part de ses subordonnés, et son indiscipline l'a fait mal voir de ses chefs immédiats. Si ce n'était sa qualité de marabout et de membre de la famille des Oulad Sidi Cheikh, le seul sentiment qu'il inspirerait aux indigènes serait celui du mépris. Les Hammian, après l'avoir demandé pour agha, s'en sont débarrassés dès qu'ils n'ont plus eu peur de Kaddour Ben Hamza. On conçoit que les chefs français fassent tout au monde pour ne pas avoir un pareil personnage sous leurs ordres. Et pourtant cet homme tel qu'il est, peut nous rendre d'immenses services dans le Sahara. Mais ce n'est qu'à condition qu'il serait guidé par une main douce et habile qui saurait en tirer parti de même qu'un cavalier adroit et consommé dans l'art de l'équitation sait obtenir de bons services d'un cheval indompté et rétif. Le cavalier capable de diriger cette nature fougueuse n'est pas encore trouvé. Il est à craindre qu'on ne le découvre pas de sitôt. Quoi qu'il en soit, je ne suis point d'avis qu'on le recherche pour lui confier l'administration des tribus sahariennes. On pourrait peut-être utiliser ses aptitudes militaires en lui faisant une belle position dans le Makhezen que je propose plus loin d'organiser.

En résumé il n'y a aucun parallèle à établir entre les hommes de la branche de l'ouest et ceux de la branche de l'est, entre la puissance des premiers et celle des seconds.

Sous ces deux rapports, comme sous beaucoup d'autres, la supériorité appartient incontestablement à la branche de l'est, dont la force d'action s'étend bien plus à l'orient d'El Abied qu'à l'occident. L'action de la branche de l'ouest se fait plutôt sentir du côté du Maroc. C'est pour cela du reste que le traité de 1845 en fait des sujets marocains. Si donc nous étions jamais appelés à traiter avec un personnage des Oulad Sidi Cheikh, nos intérêts bien compris nous imposeraient l'obligation de ne traiter qu'avec un membre influent de la branche de l'est, en ayant soin de nous souvenir à propos qu'ils ont près d'Insalah une zaouïa qui peut nous servir d'étape dans notre marche sur le Niger.

Politique de la France à l'égard de cette famille.
La politique de la France à l'égard de cette famille n'a pas toujours été exempte d'erreurs. Tant que M. de Colomb fut placé à Géryville, il sut, par une patience à toute épreuve, par une grande connaissance des Oulad Sidi Cheikh, faire tourner à l'avantage de la France leur immense influence. Après lui de jeunes officiers eurent la prétention inconcevable de vouloir substituer je ne sais quelle influence, dont ils s'imaginaient à tort être revêtus, à celle de Sidi Hamza, notre khalifa. Ils furent, sans s'en douter, les instruments de quelques indigènes mécontents de leurs chefs qui n'en suivirent pas moins leur fortune dès que ceux-ci levèrent l'étendard de la révolte. Pour amoindrir la position du fonctionnaire indigène reconnu par la France, ces officiers écoutèrent inconsidérément des plaintes fondées peut-être en la forme, mais insignifiantes quant au fond; ils accueillirent avec empressement la de—

mandé d'individus qui cherchaient à se soustraire à l'autorité naturelle de leur chef. Ils poussèrent l'imprudence jusqu'à déclarer en public que la France visait à faire disparaître le grand commandement de la famille Hamza; qu'à la mort du khalifa, son fils, Bou-Beker, n'avait eu que le titre de bach-agha ; que le successeur de celui-ci ne serait que agha et que celui qui viendrait ensuite ne porterait que le titre de kaïd jusqu'au jour où il n'y aurait plus un seul fonctionnaire de la famille. Étrange erreur en pays arabe que celle qui consiste à s'imaginer que l'on peut, par un trait de plume, faire disparaître des influences séculaires ! Ces propos déplorables, rapportés aux intéressés, furent le premier germe de leur mécontentement. Ils parurent justifier à leurs yeux les soupçons injustes qu'ils nourrissaient à l'égard de l'autorité française. Ils l'accusaient d'avoir fait empoisonner leur chef Sidi Hamza pendant son séjour à Alger. Cette accusation n'était nullement fondée. Il est de notoriété publique à Alger que Sidi Hamza y est mort du choléra. Enfin arriva un jour où Si Slimane se révolta pour ne pas subir plus longtemps les procédés hautains et dédaigneux dont il était l'objet. La destruction, à Aïoun Sidi Bou-Beker, en avril 1864, de la petite troupe du colonel Beauprêtre et la mort de Si Slimane qui s'ensuivit, furent les premiers épisodes de la rébellion des Oulad Sidi Cheikh qui dure encore en 1881. Depuis lors, la politique que l'on a suivie à leur égard s'est ressentie des différents changements apportés dans le gouvernement de l'Algérie.

Après avoir traité en détail la question du sud-ouest Tribus marocaines de la frontière.

algérien et avoir parlé des populations indigènes qui l'habitent, il n'est pas sans intérêt de dire quelques mots des tribus marocaines qui résident sur la frontière, du côté du sud, et dont les démêlés fréquents avec les nôtres font que leurs noms se répètent souvent.

Les Béni-Guil.

La première grande tribu qui touche à notre frontière et dont le pays fait face à celui des Hammian est celle des Béni-Guil.

Le pays des Béni-Guil a pour limites le chot de Tigri, le ksar d'Aïn Chaïr où ils déposent leurs grains, les ksour ' d'El Mekam et de Debdou, au nord, et le Djehel Grouz qui domine Figuig, ainsi que la source de Ben Ghaïada. Les ksour magasins des Beni-Guil sont, outre ceux que je viens de citer, El Ahmar Sficifa (autre que le nôtre) et Moughol. Ils se divisent en deux grandes fractions dites : Béni Ghoumrassane et Béni Goumi.

Les Béni Ghoumrassane se subdivisent en Oulad Youb et Oulad Hadji ;

Les Béni Goumi se partagent en quatre : Les Oulad Farès, les Oulad Brahim, les Oulad Sidi Ali et les Oulad Ahmed Ben Amar.

Les Béni-Guil ont mille tentes environ et peuvent mettre sur pied six cents cavaliers et deux mille fantassins.

Les Oulad Djerir.

Leur pays est à l'ouest de Figuig. Ils sont peu nombreux et ils habitent le plus souvent dans leurs montagnes, c'est-à-dire qu'ils se livrent peu aux pérégrinations de la vie nomade. Ils ne peuvent guère mettre plus de soixante cavaliers sur pied.

Les Douy-Meniâ.

Ils habitent l'Oued-Guir, tantôt dans sa partie supérieure, tantôt dans sa partie inférieure. Ils font le commerce entre Tafilala et Figuig, vendent aux Figuiguins et aux tribus voisines des cuirs et de l'orge qu'ils apportent de Tafilala. Leur ksour magasins sont : Beni-Goumi, Zouzefana, el Kenadsa, Béni Abbès et Sgueli sur l'Oued guir.

Ils se divisent en quatre fractions :

1° Les Oulad Bel-Guiz,
2° Les Oulad Bou-Anane,
3° Les Oulad Slimane,
4° Les Oulad Ben Mamar.

Ils peuvent mettre sur pied mille cavaliers et deux mille cinq cents fantassins. Ils garderont longtemps le souvenir de la bataille que leur livra en 1870 la colonne expéditionnaire commandée par le général de Wimpffen.

Si, en 1871, alors que la province de Constantine s'était soulevée à la voix de Mokrani, la province d'Oran a été préservée de leurs incursions, cela tient uniquement à ce qu'ils étaient encore sous l'impression de leur défaite. Leurs personnages principaux, emmenés à Oran en ôtages, ont tenu la promesse qu'ils ont faite au général de ne plus porter les armes contre la France. Ils savent à présent que nous connaissons les chemins qui conduisent chez eux et que les riches cultures de leur grande vallée ne sont point hors de notre portée.

Les Amour.

C'est une petite tribu dont les membres habitent une montagne escarpée non loin de Mograr. Les Amour sont de très-hardis pillards qui battent sans cesse la campagne par bandes de quinze à vingt hommes. Ces bandes sont connues sous le nom de zich. Quand un méfait est commis dans la contrée ; quand des troupeaux sont brusquement enlevés aux pâturages, on ne tarde pas à apprendre que c'est un zich des Amour qui a fait le coup. Ils exercent aussi les professions d'espions et de Reggab ou de courriers.

Figuig.

La grande oasis de Figuig se compose de douze ksour reliés par un mur crénelé flanqué de tours élevées :

1° El Hammam Foukani (supérieur) ;

2° El Hammam Tahtani (inférieur) ;

Ces deux ksour, ennemis l'un de l'autre, ont . . . . 420 fusils.

3° El Maïz . . . . 500 »

4° Oulad Slimane . . . . 200 »

5° El Oudarigh . . . . 550 »

6° El Abid . . . . 150 »

7° Mharza, ksar ruiné, ses habitants se sont réfugiés, partie à Zenaga, partie à El Oudarigh.

8° Zenaga, ksar principal. . . . . 800 »

9° Beni Ounnif . . . . 40 »

10° Tarla . . . . 50 »

11° Oulad Sidi Ben Aïssa, petit ksar, zaouïa des Oulad Sidi Cheikh. . 12 »

12° Beni Haroun . . . . 60 »

Total. . . . . 2,782 »

Le chiffre de la population s'élève à dix mille âmes environ, armée de trois mille fusils (1).

Les Figuiguiens sont renommés par leur habileté à
fabriquer de la poudre et par leur adresse à faire des
tranchées pour assiéger leurs voisins ou pour se défendre
eux-mêmes. Si une armée française se proposait de marcher contre Figuig, elle devrait s'attendre à trouver derrière ses murs, et au milieu de ses innombrables palmiers, tous les guerriers des environs auxquels se
joindraient certainement ceux de Tafilala et des Berbères
Aït-Atta.

1. Pour plus de détail il faut consulter l'ouvrage de M. de Colomb
intitulé *Notice sur les oasis du Sahara et les routes qui y conduisent*.
C'est un trésor inépuisable pour les personnes qui s'occupent du
Sahara algérien.

CHAPITRE II

LE TELL

La situation politique du Tell est très-critique. Rien n'indique qu'elle s'améliorera de si tôt. Tout, au contraire, fait présager qu'elle ira de mal en pis. Pourquoi? Parce que les causes qui lui ont donné naissance datent de loin déjà et que, au lieu de les faire disparaître, nous ne faisons que les aggraver de jour en jour ; parce que à la société indigène, qui hait les chrétiens par fanatisme, qui hait ses conquérants par tradition, nous avons apporté, nous autres Français, le pire de tous les maux : la ruine !

Haine et ruine sont les expressions les plus propres à caractériser une situation terrible qui ira en s'empirant jusqu'au jour où, — si nous persistons par notre aveuglement à ne pas y apporter un remède prompt et efficace, — un dénouement fatal s'imposera avec une force tellement irrésistible qu'aucune puissance humaine ne pourra l'empêcher.

Au moment où je trace ces lignes on sent que la révolte générale est dans l'air ; qu'il suffirait d'un incident quelconque, d'un prétexte, pour la faire éclater, de l'insuccès d'une colonne, par exemple, d'une bande de pillards qui incendieraient des fermes isolées. Fasse le ciel que cet incident, que ce prétexte, ne se produisent ni maintenant, ni jamais !

Les colons.[1] Nos campagnes sont habitées par des Européens qui, vivant au milieu d'indigènes avec lesquels ils sont constamment en contact, apprécient beaucoup mieux la nature et l'étendue des dangers qui les menacent à certains moments que ne le font les Européens qui résident dans les villes. Ceux-ci, nombreux, compactes, à l'abri des remparts, la plupart sur le littoral, à proximité des bateaux qui partent journellement pour la France, discourent à leur aise, au café, en prenant des rafraîchissements, sur les paniques non justifiées, selon eux, de ceux qui sont éparpillés dans les petits villages et dans les fermes.

Ces terreurs subites, ces affolements qui s'emparent de nos braves colons s'expliquent d'abord par certains courants hostiles à notre domination qui, circulant périodiquement dans les tribus sans qu'on sache d'où ils émanent, ne manquent pas de s'introduire dans leurs foyers ; ensuite par les nouvelles à sensation publiées par nos journaux quotidiens, communiquées naïvement mais très-exactement, par les colons mêmes, aux milliers de bergers, de krammès, d'associés, de serviteurs de toutes sortes qu'ils emploient à leur service. Ces nouvelles sont colportées dans les douars voisins où chacun les commente, les augmente, les revêt des couleurs les plus sombres, les plus malveillantes à notre endroit. Puis elles leur reviennent, par le canal de ces mêmes bergers, krammès, etc., qui en prenant des airs de dévouement à leurs personnes affectent de la porter à leur connaissance sous le sceau du secret. Elles sont tellement dénaturées, tellement travesties que ne les reconnaissant plus ils s'imaginent qu'il s'agit de périls imminents prêts à fondre sur leurs têtes. Ils s'empressent alors de quitter leurs demeures pour mettre leurs familles et leurs biens en lieu de sûreté.

Il m'arrive maintes fois quand je questionne les indigènes sur ce qui se passe en territoire arabe, de reconnaître dans ce qu'ils me racontent des faits que j'ai lus dans les journaux. J'ai parfaitement remarqué en outre, depuis l'introduction en Algérie des moyens de communications rapides tels que la télégraphie et les chemins de fer, que chaque fois qu'un événement important se produit les indigènes accourent en masse dans nos centres pour y recueillir les nouvelles. C'est ainsi que ceux de l'ouest savent ce que font ceux de l'est et réciproquement. J'ai constaté cela partout, principalement à Sidi Bel-Abbès. Que l'on veuille bien demander aux habitants de cette ville, à ceux d'Aïn Temouchent, de Lamoricière, de Relizane s'ils n'ont pas été frappés par cette coïncidence qu'en temps de troubles les Arabes affluent sur les marchés en nombre bien plus considérable que de coutume.

D'autre part, quand les tribus sont en proie à de sourdes menées, les indigènes ne se font pas faute d'intimider les colons par des confidences perfides, par des insinuations malveillantes, par des menaces, voire même par des vols et des assassinats qu'ils commettent alors avec plus de fréquence. Comment peut-on admettre qu'en pareil cas nos cultivateurs européens ne soient point effrayés ? Comment veut-on qu'ils aient la force de vaquer tranquillement à leurs travaux journaliers, à leurs affaires ordinaires, sans souci de ce qui paraît les menacer, eux, leurs femmes et leurs enfants ? Cela est impossible. Au lieu de les railler, on ferait mieux d'étudier sérieusement leurs besoins et de s'empresser de ramener le calme chez eux en les armant et en plaçant quelques compagnies de soldats sur les points où les paniques se révèlent.

On voit que du côté européen on a affaire à une population peu rassurée qui loin d'être un appoint pour la défense commune, — but vers lequel on tend, — est, au contraire, un sujet de graves appréhensions pour les hautes autorités auxquelles incombe l'immense responsabilité de la sécurité publique.

Voyons ce qui se passe du côté indigène.

La Société indigène.

Au point de vue traditionnel la société indigène se compose de quatre éléments bien distincts

1° Les Marabouts ;

2° Les Chorfa ;

3° Les Djouad ;

4° Les Zeuatza.

Les marabouts viennent généralement de l'ouest. Beaucoup ne sont autres que les descendants des Almoravides,

ces guerriers célèbres qui vers le milieu du onzième siècl
de notre ère s'élançaient des rives du Haut-Sénégal à la
conquête du Maghreb El Akça (occident le plus éloigné)
où ils fondèrent la ville de Maroc qui resta depuis la capitale de l'empire de ce nom. Ils s'emparèrent aussi, avant
de passer en Espagne, de la partie occidentale de l'Algérie
à laquelle les historiens arabes donnèrent le nom de Maghreb El Adena (occident le plus rapproché) pour le
distinguer du Maghreb El Akça. On donne aussi le nom de
marabouts à certaines individualités qui s'étant vouées entièrement à Dieu se sont fait remarquer par leur piété et
par l'exaltation de leurs sentiments religieux.

Le mot arabe merabet dont nous avons fait marabout et
les Espagnols Almoravides en dénaturant la forme plurielle
El Merabtine, signifie, assidu, lié, de là hommes liés à la
religion. Presque tous les marabouts ont la prétention
d'être en même temps Chorfa. Les marabouts ne nous
aiment point, tout le monde le sait, inutile d'insister.

Les Chorfa.

Les chorfa — chorfa est le pluriel de chérif — sont
les descendants d'Idris Ier qui, en 789 de l'ère chrétienne,
fut la tige de la dynastie des Idricides lesquels fondèrent
la ville de Fez et régnèrent deux siècles sur le Maghreb El
Akça. Après la chute de leur empire, ils se dispersèrent de
tous côtés notamment dans la région algérienne où les po-

pulations les accueillirent avec empressement. Idris était chérif c'est-à-dire de la lignée du prophète par sa fille Fatma, épouse d'Ali. La dynastie chérifienne qui règne actuellement au Maroc appartient à une autre branche.

Les chorfa et les marabouts sont les hommes qui dirigent l'opinion publique des masses indigènes par l'ascendant naturel dont ils sont revêtus. Ce sont eux qui seuls fondent les zaouïa et qui interviennent dans toutes les questions politiques d'ordre supérieur. Ils s'interposent entre les tribus ennemies et font cesser les hostilités en réconciliant les adversaires. Leur concours est réclamé pour ramener la concorde parmi les membres d'une même famille divisés par de longues querelles. Les Djouad, les Zenatsa leur obéissent aveuglément. Ils subissent leur influence au point de ne pouvoir se passer d'eux. Aucun acte de quelque importance ne s'accomplit dans un pays sans être signalé par leur présence. Partout ils sont les arbitres de la guerre et de la paix.

Les chérifs, pour me servir de la forme plurielle usitée en français, nous détestent par tradition. Cela est incontestable. Personne n'ignore que tous les individus marquants qui nous ont fait la guerre dans ce pays portaient le titre de chérif. Témoins Bou-Maza, Bou Bughla, Bou-cif et tant d'autres. L'emir Abd—el—Kader est chérif et marabout.

Les Djouad.

Les Djouad sont d'origine arabe. Ce sont les descendants des hordes hilaliennes qui, au moment même où les Almoravides subjuguaient le Maghreb El Akça, traversaient le Nil vers la basse Égypte et se ruaient sur la Tripolitaine et la Tunisie comme une nuée de sauterelles, comme des loups affamés, pillant, saccageant, abattant les édifices publics, détruisant tout sur leur passage. C'est ainsi que le grand historien Iben Khaldoun raconte l'entrée de ces barbares dans la Tunisie qui était connue de son temps sous le nom d'Ifrikïa, d'où nous avons fait Afrique. Pendant que les premiers marchaient du sud au nord, ensuite à l'est, les secondes s'avançaient de l'est vers l'ouest. Les uns comme les autres, nouveaux Vandales, accomplissaient leur œuvre dévastatrice. Ces deux races, si différentes d'origine, en s'installant sur les pays soumis à leur domination, au sein des populations maintenues en respect par leurs armes, s'y sont créé un rang prédominant qui a survécu à leur chute, à leur dispersion. C'est ce qui fait dire des premiers qu'ils sont de noblesse religieuse, parce que leur pouvoir était basé sur la religion, des seconds qu'ils sont de noblesse militaire, parce que leur puissance ne s'appuyait uniquement que sur la force de leurs armes.

On conçoit aisément qu'une foule d'individus prétendent à une noble origine alors qu'ils sont issus d'ancêtres qui n'appartenaient ni à l'une ni à l'autre de ces castes. C'est ainsi que presque tous les marabouts se disent chorfa depuis qu'une dynastie cherifienne règne au Maroc. Il en est de même de presque tous ceux qui se donnent pour Djouad. Il paraît avéré aujourd'hui que les descendants des envahisseurs hilaliens venus d'Arabie se sont épuisés et ont été absorbés depuis plusieurs siècles déjà par les Berbères autochthones. Les noms des tribus qui ont franchi le Nil subsistent encore, c'est vrai, mais quand on établit avec soin les généalogies des familles qui les composent, on aboutit invariablement à des individus de race berbère.

Les Djouad, ou plutôt ceux qui se donnent pour tels, sont, parmi les indigènes, les seuls qui soient capables de nous apporter un concours utile *quand nous sommes assez adroits pour les soustraire à l'influence des Marabouts.* Ils deviennent alors pour nous des auxiliaires puissants et dévoués. Les grandes familles qui nous ont bien servi sont réputées Djouad : Moustapha Ben Ismaël, — Sidi Abmed Ould Kadi, — Les Mazari, — Les Ben Daoud, — Les Zine, — Les Mokhefi, — Les Mehal, — Les Riah, — Les Oulad Bel-Lil et d'autres qui m'échappent. Nos efforts doivent tendre à nous les rattacher en les séparant des marabouts et des chorfa.

Les Zenatsa.

Les Zenatsa sont les descendants des anciens maîtres du pays qui ont survécu à toutes les invasions. Ils forment une branche distincte de la grande race berbère. Décimés d'abord par les envahissements des Almoravides, des Hila-liens, des Almohades, ils se sont relevés au point de do-miner leurs conquérants successifs épuisés par des guerres incessantes. Ils sont parvenus à fonder des dynasties dont les noms sont restés célèbres et des empires qui ont eu un certain éclat, au treizième et au quatorzième siècle. Té-moins les Mérinides du Maroc, auxquels a succédé la dynastie chérifienne actuelle, et les Abd-el-Ouadites de Tlemcen. Ces derniers, vaincus par les Turcs, ont cessé de régner depuis le seizième siècle. En sorte que, au Maroc comme en Algérie, les Zenatsa subissent de nos jours le joug de nouveaux dominateurs. S'ils paraissent le subir au Maroc vu la conformité de mœurs et de religion, vu la prétendue noblesse de leurs dominateurs, il n'en est point de même en Algérie où ils profitent avidement de toutes les occasions qui s'offrent à eux pour le secouer.

Dans toute confédération de tribus, dans toutes les tri-bus, dans toutes les villes, presque dans tous les douars, on constate la présence de ces quatre éléments constitutifs de la société indigène. Dès qu'un groupement quelconque s'opère les individus qui en font partie se croient menacés de tous les malheurs terrestres et célestes tant qu'ils n'ont pas introduit parmi eux quelques familles de marabouts et de chorfa. Cela s'explique très bien quand on sait le rôle que ceux-ci sont appelés à y jouer.

Les indigènes au point de vue ethno-graphique. Étant donné ce qui a été dit plus haut des prétentions mal fondées de beaucoup à descendre de marabouts, de chérifs, djouad; étant donnée que ces trois castes ont été absorbées par la quatrième, on en arrive à cette déduction logique que de nos jours nous n'avons plus en réalité devant nous que les Zenatsa, c'est-à-dire des Berbères. Ces Berbères n'ignorent pas qu'à toutes les époques leurs ancêtres n'ont cessé de revendiquer leur indépendance en résistant les armes à la main à leurs dominateurs, Romains, Vandales, Arabes, Mauritaniens, et qu'à force de persévérance, de ruses, de trahisons, ils sont toujours parvenus à les vaincre, à les écraser. Il nous appartient donc, pour sauvegarder la colonie que nous sommes en train de fonder, de prendre les mesures les plus capables de nous empêcher de subir le sort de nos devanciers, sous peine de disparaître nous-mêmes en donnant au monde l'exemple de la plus grande ineptie qui se soit jamais vue.

C'est ainsi, pour être dans le vrai, que doit être envisagée la société indigène et non comme l'ont ait certains auteurs algériens qui sont plu à la diviser en Arabes et en Berbères, montrant les premiers comme réfractaires à toute civilisation, signalant les seconds comme accessibles à tous les progrès. Selon eux les Arabes sont généralement pasteurs, accessoirement agriculteurs et n'habitent que la tente. Leur pays ordinairement plat est dépourvu de cultures sérieuses. On n'y voit ni limites ni arbres mais par-

tout des palmiers nains, des jujubiers sauvages, des brous-
sailles rongées par la dent des troupeaux. Toujours
d'après eux, les Berbères habitent des demeures fixes dont
l'agglomération constitue des villes, des bourgs, des villages, des hameaux. Ils sont industriels, commerçants, plutôt horticulteurs que cultivateurs ; attachés
au sol par le lien de la propriété individuelle ils ont
un culte pour la terre. Leurs champs sont assainis, ni-
velés, irrigués, fumés, plantés d'arbres fruitiers, etc., etc.
En un mot, tout individu qui habite une maison, une
chaumière dans la montagne est classé parmi les Berbères
et tout individu qui habite une tente dans la plaine ou
dans un pays facile est classé parmi les Arabes.

Ces auteurs ont confondu les pays avec les hommes. Ils
n'ont pas réfléchi. Sans cela ils auraient compris qu'en
Algérie, pays livré à l'anarchie depuis des siècles, les
plaines, où l'eau est rare d'ailleurs, parcourues sans cesse
par les innombrables armées qui les sillonnaient de l'est
à l'ouest, du nord au sud, n'offraient aucune sécurité durable aux habitants qui pour ne pas exposer les fruits de
leurs travaux à la rapacité des coureurs de toutes sortes se
gardaient bien d'y faire des plantations sérieuses. Ils se
bornaient à y cultiver les céréales nécessaires à leurs besoins et à y mener la vie pastorale. Ce qui leur permettait
de fuir aussitôt qu'un danger leur était signalé.

Dans les montagnes dont l'accès est difficile, les habitants trouvant de l'eau ont fait des plantations parce qu'ils
savaient pouvoir les défendre. N'ayant pas de vastes parcours ils ont renoncé à la vie pastorale et ont embrassé la

vie sédentaire, ce qui les a amenés à se construire des maisons et des gourbis.

Il est résulté de ces deux manières de vivre une grande différence de mœurs et de coutumes. Assurément les montagnards n'ont ni les mœurs ni les coutumes des habitants des plaines. C'est cette différence de mœurs qui a trompé les auteurs auxquels je fais allusion, lesquels ont écrit de longs articles dans le but de faire ressortir la supériorité de la race berbère sur la race arabe. Pour moi je n'hésite pas à soutenir que les montagnards et les nomades ont une origine commune et que chez les premiers comme chez les seconds, dans le Sud, — je ne dis pas dans le Sahara, — comme dans le Tell, la société indigène est constituée sur les bases que je viens de l'indiquer.

M. le colonel Hanoteau, dans un ouvrage remarquable ayant pour titre : « *Essai de grammaire de la langue tamachek,* » — a soulevé un coin du voile qui recouvre cette grave question ethnographique. Après avoir recherché quelles peuvent être les populations actuelles d'origine purement berbère, il s'exprime en ces termes :

« Les éléments de ce mélange, — Arabe et Berbère, —
« ne pourront être distingués et classés qu'à la suite
« d'études longues et minutieuses dont nous n'avons
« encore que les données rudimentaires. On ne saurait
« trop se mettre en garde contre les apparences résultant
« du langage parlé. Dans certains cercles, celui de Djidjelli,
« par exemple, l'arabe seul est en usage et cependant la
« presque totalité de la population est incontestablement
« berbère. »

Plus loin :

« La province d'Oran, si longtemps le centre des dynas-
« ties berbères offrirait du même fait des exemples plus
« nombreux encore, et nul doute que si le classement
« exact des deux races se fait un jour, il n'ait pour résultat
« de démontrer que l'élément arabe est en faible minorité
« dans la population totale de l'Algérie. »

D'un autre côté l'historien Iben Khaldoun en parlant des
Berbères nous dit ceci :

« Depuis une époque très-reculée la race zenatienne a
« habité le Maghreb, où par son existence actuelle et par
« les souvenirs de son ancienne gloire, elle s'est fait assez
« connaître. De nos jours on remarque chez ce peuple
« beaucoup d'usages propres aux Arabes : il vit sous la
« tente, il élève des chameaux, il monte à cheval, il
« transporte sa demeure d'une localité à une autre, il
« passe l'été dans le Tell et l'hiver dans le désert, il enlève
« de force les habitants des pays cultivés et il repousse le
« contrôle d'un gouvernement juste et régulier. »

On voit d'après cela que les zenatsa mènent en Algérie
une existence identique à celle que menaient autrefois les
Arabes; que rien, par conséquent, ne les distingue de ces
derniers. J'ajoute que pour moi ceux-ci ont été absorbés
depuis longtemps et qu'ils ont disparu.

Nous savons d'une manière certaine qu'au onzième
siècle, les Arabes de la première invasion, ceux que la
conquête musulmane avait implantés en Afrique, avaient
totalement disparu. Nous savons aussi que les Arabes qui
les ont remplacés, ceux qui faisaient partie de la seconde

invasion ne formaient que les cinq tribus suivantes :

Les Soleim,

Les Zoghba,

Les Riâh,

Les Athbedj,

Les Corra.

Les Soleim sont restés sur le territoire de Barca et de la Tripolitaine. Les quatre autres sont entrées dans la Bysacène et une portion d'entre elles est passée dans la Mauritanie, le Maroc de nos jours, où l'on croit en reconnaître quelques vestiges sous les noms de Beni Hassen et de Halef. Comment pourrions-nous admettre que la portion de ces populations qui s'est fixée sur le territoire algérien ait été assez considérable pour constituer à elle seule cette immense population des plaines et des régions accessibles que nous y avons trouvée à notre arrivée ? D'autre part que seraient devenus les Berbères qui habitaient ses plaines et ses régions au moment de la venue des Arabes ? Ils auraient été exterminés, dispersés. Mais alors comment s'expliquer qu'ils aient été assez nombreux, assez puissants ensuite pour fonder les dynasties que j'ai citées ci-devant ?

Trois siècles à peine auraient suffi pour faire disparaître les premiers envahisseurs, et au bout de huit siècles nous aurions la prétention de retrouver les descendants de trois ou quatre tribus qui se sont échelonnées du golfe de Gabès aux rivages de l'Atlantique, lesquels descendants seraient assez nombreux pour occuper les trois quarts de l'Algérie ! Cette thèse est insoutenable. Mais, objectera-t-on, tous

ceux que nous voyons se disent Arabes. Certainement, ils
se disent Arabes comme en France nous nous disons Français, sans nous occuper de savoir si nous descendons de la
race celtique, de la race latine ou de la race germanique.
Les Français ont été les derniers conquérants, leur nom a
prévalu; les hasards de la bataille de Tolbiac en ont fait
des chrétiens, le christianisme est devenu la religion nationale. Il n'en a pas été autrement en Afrique. Cependant
il y a une remarque à faire, c'est que le mot *Arabe* a dévié
de sa signification première et qu'il est employé aujour-
d'hui dans le sens de *paysan*.

Je le dis avec une profonde conviction, le peuple d'Algérie n'est point celui qui, obéissant à la puissante impulsion
de Mahomet et de ses successeurs, sortit jadis des déserts de
l'Arabie pour s'élancer à la conquête du monde. Ce n'est
point ce peuple arabe qui après avoir été l'effroi de l'Europe
s'est énervé dans les grandeurs de la domination et la
mollesse de la vie sédentaire, puis s'est laissé morceler et
a fini par disparaître. Le peuple en présence duquel nous
nous trouvons est ce peuple berbère tellement vivace qu'il
résiste à tous les ravages, qu'il survit à tous les conquérants. Voilà pourquoi à deux mille ans de distance nous
l'avons retrouvé tel qu'il apparut aux Romains dans la
Numidie. Ce sont toujours les mêmes cavaliers : maigres,
basanés, nerveux, infatigables et intrépides. Les guerres
qu'ils nous font sont encore celles de Jugurtha, de Tacfari-
nas et de Firmus. Ils continuent avec opiniâtreté la résis-
tance traditionnelle de leurs aïeux.

On va m'accuser d'être sorti de mon sujet. Il n'en est

rien. J'ai voulu relever une grande erreur qui en se propageant et en s'accréditant est de nature à nous faire commettre de lourdes fautes politiques. En nous figurant que
les indigènes se composent de deux races différentes dont
l'une nous est sympathique et est accessible à tous les progrès tandis que l'autre nous est antipathique et est réfrac-
taire à la civilisation, cela nous conduit à être injustes
envers ceux que nous croyons à tort être des Arabes et à
nous appuyer sur des Berbères dont l'inimitié est plus à
craindre encore que celle des Arabes, s'il en existait réellement.

Le morcelle-
ment des in-
digènes par
tribus ne les
empêche pas
d'exercer une
action com-
mune.
On croit que le morcellement des indigènes en tribus
paraissant ennemies les unes des autres est un obstacle in-
surmontable à toute action commune de leur part. Je
pense qu'on est trop absolu sur ce point, car s'il est vrai
que ce soit une cause d'affaiblissement que l'on ne saurait
nier, il n'en est pas moins vrai que le Coran, la religion, la
loi, l'activité fébrile et permanente des confréries religieuses tendent constamment à réunir en un seul faisceau
ces éléments divers plus disparates à la surface qu'au fond.
D'ailleurs la nouvelle organisation en communes, faisant
forcément disparaître la tribu, aura pour résultat infaillible
la reconstitution en Algérie du peuple zenatsien qui devien-
dra plus redoutable qu'il ne l'est aujourd'hui.

Notre domina-
tion se pré-
sente-t-elle
aux indigè-
nes sous des
dehors bien-
faisants ?
Ce qui précède nous permet de constater que les indigènes, d'après leur organisation nationale comme d'après
l'histoire de leur passé et de leur présent, nous regardent
comme leurs plus grands ennemis. Examinons maintenant
si notre domination civilisatrice se présente à eux sous des

dehors assez bienfaisants pour nous les attacher sinon par la communauté de religion, d'usages, de mœurs, de langage, du moins par la satisfaction de leurs besoins et de leurs intérêts les plus chers.

Voyons d'abord le côté moral de la question.

Notre politique, s'inspirant des idées d'égalité qui dominent en France depuis 1789, a fait tous les indigènes égaux les uns des autres ; Israélites, Kabyles, Arabes, Marabouts, Chorfa, Djouad, Turcs, Koulouglis, campagnards, citadins, tous sont traités par nous sur le pied de l'égalité la plus absolue. Cette conduite — que je ne critique point, que je me borne à constater — nous a fait le plus grand tort dans l'esprit et dans le cœur des uns comme des autres. Dire journellement que l'israélite est l'égal du musulman c'est injurier celui-ci ; dire à un homme qui se prétend marabout ou chérif ou djiyd (singulier de Djouad) qu'il est l'égal d'un zenatsi, c'est le blesser cruellement, je dirai même gratuitement; c'est faire preuve à ses yeux d'une ignorance complète de ce qui se passe dans la société indigène. Du reste il n'en croit pas un mot, vu qu'en sortant de nos bureaux ou de nos prétoires le zenatsi qui en notre présence s'était montré arrogant, insolent à son égard s'empresse de lui baiser la main. Dire à un turc, à un Koulougli, à un citadin qu'il est l'égal d'un arabe, c'est un comble.

Dangers venant du côté des Juifs.

Dans certains centres européens où les électeurs juifs sont en majorité, — et ils vont le devenir partout, — on en voit revêtus des fonctions de premiers adjoints commander en l'absence du maire aux nombreux indigènes qui font partie de la commune. Il est à ma con-

naissance que dans une commune importante à laquelle
une tribu a été rattachée, un juif vêtu d'un costume algérien malpropre, marchand de comestibles, de bougies etc,
trafiquant avec les indigènes sur les grains et sur les laines,
remplit les fonctions d'adjoint et commande aux chefs indigènes, aux gardes-champêtres, aux chaouch, en un mot,
aux musulmans de la commune.

En Algérie on n'admet pas qu'un fonctionnaire de n'importe quel ordre trafique avec ses administrés. On voit d'ici
l'influence que peut exercer sur le taux des prêts faits aux
indigènes la position d'un individu qui cumule les professions de prêteur et de fonctionnaire immédiat de ses clients.

Personne n'ignore la répulsion qu'inspirent les juifs aux
musulmans, le mépris dont ils sont l'objet de la part de ces
derniers. Il n'y a donc pas lieu de s'étonner que ce qui se
passe nous fasse abhorrer par les indigènes musulmans,
lesquels ne cachent point du reste la haine qu'il nous
portent pour ce grave motif. Le décret de naturalisation des
juifs en masse a été un acte impolitique, inconscient, dont
les conséquences deviennent désastreuses pour l'Algérie.
Déjà une grande partie de la population française algérienne,
comprenant le danger qui s'avance, proteste énergiquement
contre l'envahissement par les juifs des fonctions électives
et contre les tendances qu'ils manifestent de ne laisser
représenter l'Algérie que par des hommes choisis par eux,
sachant n'avoir obtenu leur élection que grâce à leur concours. — Ceci ne renferme aucune allusion malveillante à
l'égard des honorables députés qui viennent d'être élus.
Ces messieurs ont obtenu la majorité, ils sont comme ils le

disent, les représentants légaux des différents électeurs qui leur ont donné leurs voix et, partant, de la minorité aussi bien que de la majorité. Je ne m'occupe pas des personnes, je ne vois que les faits.

J'espère pour le bonheur de l'Algérie que les Français d'origine ne se borneront pas à des protestations d'un caractère platonique, mais qu'ils sauront provoquer l'adoption de mesures législatives propres à sauvegarder leur dignité aussi bien que leurs intérêts. Je ne suis animé d'aucune rancune particulière, d'aucune hostilité systématique contre les juifs parmi lesquels je compte des amis dont l'honorabilité, l'instruction, la conduite privée ou publique ne cèdent en rien à celle des meilleurs Français. Mais je dis hautement que les agissements de la grande masse qui se livre sans vergogne à la pratique effrénée de l'usure, et qui, non contente d'avoir ruiné les indigènes, ambitionne à présent de les dominer au moyen de manœuvres électorales, mettent l'Algérie en péril, et préparent de terribles représailles contre la corporation tout entière des juifs. L'exemple de ce qui se passe en Russie et en Allemagne, où les autorités constituées sont presque impuissantes à les soustraire aux vengeances publiques, devrait pourtant faire réfléchir les hommes qui les dirigent ici. Ces hommes feront preuve de bien peu de sagesse s'ils persistent à les maintenir dans les voies dangereuses où il les ont engagés.

Dans l'intérêt de tout le monde, surtout dans le leur, il est temps, grand temps, d'arrêter leur marche envahissante, leurs procédés par trop absorbants.

La politique aveugle que nous suivons sur ce point, en Afrique, nous crée parmi les indigènes les haines les plus profondes, celles qui sont le moins susceptibles de disparaître. Les indigènes comprennent, jusqu'à un certain point, que leur dominateur abuse vis-à-vis d'eux de la supériorité que lui donne sa force ; qu'il exige tout d'eux : leurs biens, leurs fortunes, leurs services. Qu'il les fasse se battre les uns contre les autres, c'est dans la tradition, c'est dans l'ordre. Mais ce qui les révolte, ce qui dépasse leur imagination parce que l'histoire, les traditions de leur passé ne leur en offrent pas d'exemple, c'est que ce dominateur les place à un tel degré d'infériorité vis-à-vis d'un juif qu'il les contraigne à lui obéir, à courber leurs fronts devant lui ! C'en est trop pour eux ; l'indignation déborde de leurs lèvres, la rage de l'insurrection gronde au fond de leurs cœurs.

Voilà où nous conduit une application prématurée de nos grandes et belles idées libérales.

Le retrait du décret du 10 novembre 1870, réclamé par un nombre considérable de personnes, parmi lesquelles on compte beaucoup d'honorables israélites, est le seul remède à appliquer, pour le moment, à cet état déplorable de choses.

Situation des indigènes au point de vue matériel. Voyons à présent le côté matériel.

Notre administration a rangé tous les indigènes en quatre grandes divisions :

1° Les grands chefs ;

2° Les Fellah ;

3° Les Krammès, sorte de métayers qui labourent,

soignent le champ, et moissonnent moyennant le cin-
quième des produits de la récolte;

4° Les Chemmass ou individus inoccupés, sans ouvrage.
Littéralement ceux qui restent au soleil.

Les deux premières renferment les propriétaires fon-
ciers. Les deux dernières, les prolétaires, ceux qui ne
possèdent pour tout bien que quelques misérables
chèvres, quelques ânes, un gourbi, ou, en guise de tente,
une vieille natte qui ne les abrite ni des froids rigoureux
de l'hiver, ni des rayons brûlants du soleil d'été. On rencontre, par ci par là, un Krammès propriétaire d'une par-
celle de terre, mais c'est bien rare.

Les grands chefs indigènes sont de deux sortes.

La première comprend les grandes familles du pays qui
possèdent une influence réelle et traditionnelle sur les populations au milieu desquelles notre conquête les a trou-
vées. Leurs membres sont les seigneurs des pays où ils
vivent. Tous les dominateurs qui nous ont précédés se sont
appliqués à les rallier à leurs causes afin de régner paisiblement en utilisant leurs services. Ces familles sont
moins nombreuses qu'on ne le croit généralement; elles
exercent autour d'elles, souvent dans un vaste rayon, un
empire considérable. Les événements de 1864, de 1871 et
de 1881 démontrent que si la puissance de cet empire
nous échappe parfois il n'en existe pas moins et se révèle
brusquement, dangereusement pour nos établissements de
l'intérieur, alors que des hommes inexpérimentés le
croient anéanti. Notre système égalitaire les a assimilées à
des familles qu'elles regardent depuis des siècles comme

leur étant inférieures, cela les a profondément humiliées. Nous leur avons retiré les commandements que nous leur avions confiés, nous nous en sommes fait, par ce procédé impolitique, des ennemis irréconciliables dont la haine implacable nous poursuit, tantôt ouvertement, tantôt par des menées occultes.

La seconde renferme quelques personnalités nous ayant toujours bien servis sans jamais nous avoir marchandé leurs peines ni leur sang. Ceux-ci diffèrent des premiers en ce sens qu'ils n'ont pas d'influence propre et qu'ils ne peuvent exercer en fait d'autorité que celle dont nous voulons bien les revêtir. Les grands services militaires et politiques qu'ils ont rendus à la France avaient attiré sur eux l'attention des gouvernants qui les avaient récompensés par de grands commandements et par des dignités. La mauvaise politique que nous suivons en Algérie depuis trop longtemps, hélas! après avoir sapé sans discernement l'autorité de ceux-ci comme celle des autres, après les avoir abreuvés de dégoûts, leur a retiré leurs commandements. Elle ne s'est point bornée à cela, elle a diminué les pensions de retraite que leur avaient accordées, sur certains fonds, centimes additionnels ou autres, des hommes animés de sentiments généreux, soucieux des véritables intérêts algériens et de la dignité de la France qui jusqu'ici ne s'est jamais montrée ingrate envers ses serviteurs dévoués.

Aujourd'hui ces hommes, ces anciens chefs, criblés de dettes, mécontents de leur avilissement, aigris par nos procédés, l'âme brisée, refoulent au fond de leurs poitrines les chagrins qui les dévorent. Ils ne sont plus pour nous des auxiliaires dévoués, car nous leur avons fait trop de mal.

Il y a pourtant une vérité indéniable qui nous crève les yeux et que nous ne voulons pas voir, c'est que dans l'ordre judiciaire, dans l'ordre administratif, dans l'ordre militaire, dans l'œuvre de la colonisation, dans l'ordre politique, *nous ne pouvons pas nous passer de la coopération des indigènes.* Partout, dans les détails comme dans l'ensemble, nous les trouvons forcément associés à notre grand œuvre. Dans l'ordre judiciaire nous avons les cadis, les muphtis, les assesseurs, les interprètes dont beaucoup sont originaires de l'Algérie ; dans l'ordre administratif nous avons les cheikhs, les chefs de douar, les chaouch. Les bureaux des administrateurs des sous-préfectures, des préfectures sont peuplés de kroudjas (secrétaires), de chaouch, de copistes indigènes servant d'interprètes ; dans l'ordre militaire nous avons les régiments de spahis, de tirailleurs auxquels nous sommes obligés d'adjoindre en temps de guerre des goums ou cavaliers irréguliers indigènes ; dans l'œuvre de la colonisation les colons ne peuvent se passer d'eux. Ils les emploient comme bergers, comme métayers, comme associés; dans l'ordre politique, dès qu'il surgit un événement important, on est obligé d'avoir recours aux connaissances, aux indications aux conseils des personnages considérables du pays.

Qu'on étudie attentivement l'histoire de notre conquête de la province d'Oran, qu'on lise les relations des guerres sanglantes que nous y avons soutenues, on verra que sans

A-t-on tort de se priver de leurs services ?

le concours dévoué du Makhzen mobilisé, composé des tribus des Douaïr et des Zeméla, à la tête desquels marchaient des chefs indigènes dont la bravoure est restée légendaire et qui sans hésiter se faisaient tuer pour nous, cette conquête eût été bien autrement difficile pour nous qu'elle ne l'a été.

N'est-ce point une aberration, alors que l'on emploie tous les indigènes avec succès, de ne vouloir se priver exclusivement que du concours, que des lumières, de ceux qui par le dévouement dont ils ont donné mille preuves à la France, ou qui, par l'ascendant incontestable qu'ils exercent sur les populations, sont appelés à nous être les plus utiles, à nous seconder dans l'œuvre des nouvelles conquêtes, — pacifiques, si l'on veut, — que nous projetons dans le Sahara ?

N'est-ce point la plus grande des folies que de faire tourner bénévolement contre nous les influences dont nous avons grand besoin, d'en faire les instruments de notre ruine quand ceux qui en sont les dépositaires ne demandent pas mieux que de les mettre à notre disposition, nous pouvons en faire les instruments de notre prospérité?

Cela revient à dire que l'on emploira tout le monde sauf les membres des grandes familles.

A l'époque actuelle où il est de mode de déclamer contre les grands chefs et contre le système qui consiste à leur donner des commandements, je n'hésite pas à dire que l'on se trompe grandement ; que l'erreur que l'on commet est des plus préjudiciables à notre domination ;

que l'opinion publique a été faussée dès le principe par les mesquines jalousies d'agents subalternes ; et qu'en écartant des emplois et des honneurs dont ils sont très-friands les principaux personnages du pays, au moment même où les juifs parviennent aux premières fonctions électives, dans les grandes villes et partout, nous suivons une voie funeste qui, si nous ne nous arrêtons pas immédiatement, nous conduira infailliblement à quelque catastrophe ! Loin de supprimer les agha, nous devons en augmenter le nombre en recrutant les nouveaux parmi les hommes les plus influents. Non-seulement je ne vois pas en quoi l'existence d'Agha dans les communes gênerait l'action des administrateurs, mais je crois qu'ils seraient pour ces derniers d'excellents auxiliaires pour maintenir la tranquillité. Ce n'est point pour administrer que je demande des agha, c'est pour surveiller les menées politiques de leurs coréligionnaires, et pour faire passer à notre service des influences qui se tournent contre nous quand nous les dédaignons.

C'est ici le cas de faire remarquer combien a été regrettable la réunion dans les mêmes mains des pouvoirs politiques et des pouvoirs administratifs. Aux points de vues politiques et militaires on a toujours été très-satisfait des services rendus par les agha, bach agha, khalifats....., c'est ce qui explique pourquoi les généraux qui, faisant la guerre et les appréciant mieux que qui que ce soit, les ont toujours soutenus. Au point de vue administratif, ils ont laissé beaucoup à désirer, je le reconnais, et c'est aussi ce qui explique pourquoi les officiers des affaires arabes, devenus administrateurs par la force des choses, ainsi que les administrateurs civils s'en sont toujours plaints amèrement et n'en voudraient plus. Malheureusement pour notre colonie la force du pouvoir administratif l'a emporté, les agha ont été sacrifiés.

Je vois reprocher sans cesse aux anciens gouverneurs de l'Algérie une faute qu'ils n'ont pas commise. On les accuse d'avoir ajouté à la puissance spirituelle dont était revêtu Sidi Hamza, le chef des Oulad Sidi Cheikh, la puissance temporelle qui est résultée du commandement à lui confié. C'est une grosse erreur. Je crois avoir démontré, dans la partie de travail qui a trait aux Oulad Sidi Cheikh, que ceux-ci détiennent naturellement ces deux genres de pouvoir; j'en ai précisé les origines et j'ai même indiqué de quelles façons ils s'en servaient. Ces gouverneurs n'ont donc pas eu à donner aux Oulad Sidi Cheikh un pouvoir qui se transmet dans leur famille depuis plusieurs générations. Ils ont vu un homme jouissant d'une immense influence; ils ont su, en attirant cet homme à notre service, faire tourner son influence à l'avantage de la prospérité de l'Algérie. C'était de la bonne politique : c'est celle à laquelle nous devons revenir. Tant qu'elle a duré, nous avons fait tout ce que nous avons voulu dans le Sud. A partir du jour où nous l'avons abandonnée, non-seulement nous n'avons plus rien été dans le Sud, mais nous avons senti le Tell chanceler sous nos pieds. Est-ce que les Oulad Sidi Cheikh ne nous prouvent pas tous les jours qu'ils exercent leur pouvoir temporel sans notre permission ?

Quant à Mokrani, cet agha qui nous avait rendu de si

grands services, notamment celui d'avoir tué de sa main un chérif qui nous faisait la guerre, l'insurrection qu'il a provoquée, et qui doit faire exécrer sa mémoire par tous les cœurs français, a été la première protestation lancée par les indigènes contre l'immixtion des juifs dans nos affaires politiques. Nous devrions en faire notre profit.

Les Fellah.

La colonisation en se développant dans les territoires des tribus, s'implante naturellement sur les terres fécondes ; elle s'approprie les sources et les cours d'eau. L'administration forestière, — remplissant son devoir du reste, — défend l'accès des forêts et des parties boisées du pays. L'industrie se porte avec ardeur sur les espaces recouverts d'halfa. Il en résulte que les fellah, obligés de s'éloigner de nos centres agricoles où ils sont trop ressérés, commencent à être refoulés vers les régions les moins fertiles de l'Algérie. N'ayant à leur disposition que des instruments aratoires inférieurs aux nôtres, la production ne suffit plus à l'alimentation de leurs besoins. Un hiver calamiteux, celui de 1856, fut marqué par une épizootie, qui amena une diminution énorme des troupeaux. En 1857 ils furent obligés d'emprunter à tout prix pour payer les impôts et subvenir aux besoins journaliers de leurs familles. C'est à cette époque que l'usure, semblable à un poulpe hideux, commença à les étreindre de ses tentacules

mortels. Les malheureux Fellah n'ont jamais pu se relever.
On peut avancer, preuves en mains, que depuis 1857 tous
les cultivateurs indigènes, sans exception, les chefs compris, ne sont plus que les fermiers de leurs créanciers. On
raconte que lors de l'invasion arabe, événement qui remonte au huitième siècle de notre ère, les Berbères accueillirent d'abord les nouveaux envahisseurs comme des
libérateurs parce que, bligés de cultiver les plaines de
l'Afrique pour le compte de quelques riches familles ro-
maines, ils avaient à satisfaire aux exigences de leurs
maîtres et à l'avidité du fisc. La présence des Arabes les dé-
livra d'une servitude intolérable. Ce ne fut que plus tard
qu'ils s'allièrent aux Romains, écrasèrent les armées arabes
et établirent à Kaïrouan, que venait de fonder le général
arabe Okba Ben Nafé, le siège de leur premier empire.
Sous notre domination, les fellah cultivent depuis vingt-
quatre ans ces mêmes plaines pour le compte d'avides
créanciers. Ils voient poindre le jour où, par suite de l'application de la loi sur la propriété indigène, ceux-ci, faisant usage des nombreux jugements dont ils sont porteurs,
vont s'emparer de leurs terres. Leur situation est encore
plus intolérable qne ne l'était celle de leurs ancêtres du
moyen âge. Accablés, ruinés, ils jettent de tous côtés des
regards éperdus. Nul doute que si un nouveau conqué-
rant quelconque se présentait en Algérie pour nous combattre il n'accourent en foule se ranger sous ses drapeaux
le suppliant de les délivrer des créanciers qui les oppres-
sent, de l'usure qui les dévore !

Les Krammès et les Chemmass.

Ils constituent la grande majorité de la population indigène. Ils ne possèdent rien, ne vivent que d'expédients,
ne sachant pas le matin ce qu'ils donneront à manger le
soir à leurs enfants et à leurs femmes. La plupart sont
d'anciens fellah ruinés. Quelques-uns sont créanciers de
l'état pour des terres dont ils ont été expropriés et que l'on
tarde trop à leur payer. Les uns et les autres meurent
littéralement de faim. Ceux qui subsistent ne le font qu'à
l'aide de rapines. C'est pour cela que les vols, les attaques,
les assassinats sont si fréquents. Tous ont un immense intérêt à ce que des troubles éclatent pour pouvoir vivre,
eux et leurs familles, à la faveur du désordre.

En résumé, les Marabouts, les Chorfa, les Zenatsa nous
détestent par traditions, par fanatisme, par patriotisme;
les Djouad et les grands chefs nous haïssent à cause de
nos mauvais procédés à leur égard; les Fellah, ruinés, ne
nous aiment point parce que nous en avons fait les esclaves
de leurs usu... créanciers; les Krammès et les Chemmass,
plongés dans la plus affreuse misère, nous accusent de les
laisser mourir de faim. A l'exception des fonctionnaires,
des employés, et des commerçants, tous les indigènes, à
quelque point de vue qu'on les envisage, nous abhorrent
et sont nos ennemis avérés ou secrets.

Telles sont les situations morales et matérielles dans

lesquelles se trouvent plongées les populations indigènes du Tell.

Les ordres re-
ligieux du
Sud-Ouest. La teinte déjà si sombre mais si exacte de ce tableau serait imparfaite si je n'y ajoutais les excitations incessantes auxquelles elles sont soumises de la part des chefs de *certains* ordres religieux. Je dis à dessein: de la part des chefs de certains ordres religieux parce que je crois que si la plupart d'entre eux les poussent contre nous d'autres observent une neutralité froide tant que leurs intérêts directs ne sont pas menacés, tant que les autorités françaises leur facilitent la perception des offrandes de leurs adhérents. En tête des premiers il faut placer le chef de l'ordre des Senoussi et ceux de l'ordre de Sidi Cheikh qui sont en ce moment les centres du foyer insurrectionnel. Parmi les seconds se trouve le chef Tedjini. Malgré les bruits malveillants que l'on a fait courir l'an dernier sur son compte je persiste à croire qu'on s'est trompé et qu'il est, par intérêt, plus favorable à notre cause qu'hostile.

Ensuite vient Mohammed Ben Abd-Allah, le chef de l'ordre de Sidi Mehammed Ben Bouzian surnommé El Kendoussi, le converti, d'où l'on a fait au pluriel Kenadsa. Le chef réside au ksar des Kenadsa, dans le Maroc. Le nombre de ses adhérents est considérable en Algérie, il surpasse de beaucoup celui des adhérents qu'il possède au Maroc. La colonne du général de Wimpffem est passée chez lui en 1870, allant aux Douy-Menia. Il nous a bien reçus. Plus tard il est venu se promener dans la province d'Oran où l'accueil qui lui a été fait par ordre des autorités françaises lui a prouvé qu'elles avaient gardé bonne note de la sympathie qu'il nous avait témoignée lors de notre passage chez lui. Son attitude nous a été favorable jusqu'à ce jour. Il y allait de son intérêt car, en retour nous avons toujours laissé circuler librement ses délégués qui venaient percevoir la ziara en son nom. J'attribue en partie, à l'action pacifique qu'il exerce chez les Douy-Menia l'absence de ceux-ci dans toutes les incursions qui depuis 1870 ont été faites sur le territoire algérien. Avant cela les Douy-Menia ne se faisaient pas faute d'accompagner en grand nombre, montés sur des chameaux, les Oulad Sidi Cheikh qui venaient razzier nos tribus. Il est juste de dire qu'à la suite de l'expédition de 1870 leurs chefs ont promis au général de ne plus faire cause commune avec nos ennemis.

Après Mohammed Ben Abd–Allah vient El Hadj Abd-es-Selame, le chef de l'ordre très–puissant au Maroc de Moulay Taïeb, qui compte de nombreux adhérents en Algérie. Ce personnage est venu à Oran il y a quelques années. Il a poussé jusqu'à Alger où il est allé faire visite au général Chanzy. Partout il a été reçu avec de grands honneurs, partout sur son passage il a récolté de grosses sommes d'argent, de riches présents que lui ont offerts les indigènes. Touché de nos procédés à son égard il ne cache pas ses sympathies pour les Français. Depuis notre occupation nous n'avons eu qu'à nous louer de l'attitude vis-à-vis de nous des adhérents de l'ordre de Moulay Taïeb. Leur conduite heureusement a été différente de celle des Derkaoua qui, en 1846, sous la conduite d'un fanatique du nom de Abd-er-Rahmane Et-Tsoutsi, ont eu l'audace de vouloir s'emparer de Sidi Bel-Abbès et, en 1864, sous celle de Si

L'azereg, ont osé attaquer le poste d'Ammi-Moussa et envahir les fermes des environs de Relizane.

Je ne crois pas que les chefs ni les membres des ordres
de Moulay Taïeb et de Sidi Mehammed Ben Bouzian nous
soient hostiles. Mais je fais les réserves les plus absolues
pour le cas où nous serions en guerre avec le Maroc. Si
cette circonstance se présentait, j'ai la conviction que ces
deux ordres unis à ceux qui nous combattent déjà, nous
feraient un mal immense.

Devons-nous
aller à Fi-
guig ?

Déjà les journaux ont parlé d'une expédition projetée
contre Figuig. D'après eux, nous ne nous bornerions plus
à occuper Tiyout, nous irions, selon leurs expressions,
châtier Bou Amama et nos dissidents jusque dans les murs
de cette grande oasis. Je ne m'explique pas que la gravité
d'une pareille détermination ne frappe pas les esprits.
Figuig, aux termes du traité du 18 mars 1845, fait partie
de l'empire du Maroc. Je ne crois pas du tout que l'empereur consente jamais à ce que nous mettions ce projet à
exécution. Ce qui me porte à penser cela, c'est que depuis
quelque temps les sujets marocains du sud-ouest semblent
obéir à un mot d'ordre venu de haut en se conduisant de
manière à ce qu'on ne puisse pas leur reprocher de faire
cause commune avec les sujets rebelles de l'Algérie. Il est
facile de constater que depuis que Bou-Amama et les siens
ont levé l'étendard de la révolte, aucune tribu marocaine
ne s'est jointe à eux, toutes réserves faites à l'égard des
Hammian Djemba qui de fait, et en raison de ce que leurs
ksour sont chez nous, ont été, jusqu'à l'an dernier, beaucoup plus les sujets de la France que ceux du Maroc.

Le gouverneur marocain d'Oudjeda est venu dernière-
ment à Tlemcen. Il a versé au trésor la somme de
120,000 francs, complément de l'indemnité réclamée au
sujet de la malheureuse affaire des soldats du train tués
sur la route de Sebdou à El Aricha. Cette façon d'agir,
très honorable, dénote l'idée arrêtée à l'avance de nous
ôter tout prétexte plausible à expéditionner au Maroc. Le
cas échéant, nous nous mettrions certainement sur les
bras une grosse affaire internationale. Cette fois l'Angleterre, qui nous a été propice jusqu'à présent dans la question tunisienne, qui prend une attitude toute différente
pour la question de la Tripolitaine, se mettrait carrément
et résolûment en travers de notre action. Notre agression
serait trop injuste à ses yeux comme aux yeux des puissances européennes.

Supposons un instant que la diplomatie européenne
n'intervienne pas. Est-il sage de notre part de provoquer
contre nous l'hostilité du Maroc, alors que nous avons
grandement à faire en Tunisie et chez nous? Ceux qui
sont partisans d'aller à Figuig songent-ils que si le Maroc
nous déclarait la guerre il nous faudrait augmenter l'effectif de notre armée d'Afrique de près de cent mille
hommes. Oh ! je n'exagère rien. Tout ne sera pas dit
quand nous aurons canonné Figuig des hauteurs du Djebel
El Maïz. Je sais très bien que l'oasis est à découvert du
côté du nord et qu'elle est dominée par les contre-forts de
cette montagne. L'Algérie aura à faire face aux attaques
venant du sud, de la Tunisie, de l'ouest et de son propre
intérieur. Est-il sage, en l'état actuel de l'Europe, alors

que tout y est en question, alors que l'Italie nous menace, que l'Espagne se montre arrogante, que l'Angleterre peut intervenir, est-il sage, est-il prudent de notre part de nous mettre dans la nécessité de maintenir en Afrique cent cinquante à deux cent mille hommes de nos meilleures troupes pour les opposer à une partie du monde musulman? L'Allemagne qui nous pousse, ne demande pas mieux que de nous voir entrer dans cette voie. Entrons-y, soit. Mais les connaissances acquises par nous, les hommes que nous avons formés doivent seuls être engagés. Gardons-nous bien de dégarnir la France pour conquérir de mauvaises bourgades.

Quelles sont les raisons mises en avant par les promoteurs de cette campagne pour la justifier? Figuig, disent-ils, est le repaire de tous les agitateurs du sud. C'est là qu'ils trouvent un asile assuré quand nous les poursuivons. — C'est vrai pour ce qui concerne les personnalités, non pour ce qui regarde les populations. Mais les agitateurs des puissances européennes ne trouvent-ils pas asile chez les puissances voisines? N'avons-nous pas en France des agitateurs russes, l'Angleterre n'a-t-elle pas donné de tous temps asile à des conspirateurs français? La Suisse n'est-elle pas le refuge de tous les révolutionnaires, de tous les socialistes du globe? Voyons-nous pour cela des armées marcher sur Paris, sur Londres, sur Genève? Et voyez où nous conduit ce raisonnement. Sur la frontière marocaine du nord, les Angad, les Béni-Yzenassen, se trouvent dans une situation analogue à celle de Figuig, d'où la nécessité de nous emparer du pays des Angad, de

Devons-nous rectifier la frontière de l'Ouest en nous annexant de nouveaux territoires?

celui des Béni-Yzenassen et d'arriver sur les bords du fleuve Moulouïa. Et, comme conséquence, l'obligation de rectifier notre frontière en nous avançant au sud-ouest jusqu'à l'Oued Guîr, au nord-ouest jusqu'au fleuve Moulouïa. Marchant de proche en proche sur de pareilles données, avec de pareils prétextes, nous arriverions aux bords de l'Atlantique, si nous n'étions pas arrêtés avant. Il me semble que nous avons un exemple bien douloureux des périls que nous fait courir cette passion des limites naturelles formées par des fleuves. Nous savons, n'est-ce pas? ce que nous coûte l'ambition d'avoir voulu être bornés par le Rhin! En 1844, alors que nous voulions avoir le Moulouïa pour frontière et que nos arguments faisaient ressortir les avantages qu'il y a pour deux nations voisines à être séparées par un cours d'eau, les plénipotentiaires marocains répondaient invariablement :

« Puisque vous voulez absolument qu'un cours d'eau « nous sépare, convenons ensemble que ce cours d'eau « sera la Tafna. »

On dut adopter un terme moyen, et l'on fixa la frontière un peu à l'ouest de Lalla Marnia.

Supposons que nous ayons pour limites au nord le Moulouïa, au sud l'Oued Guîr. Les griefs que nous avons aujourd'hui contre Figuig et contre les Béni-Yzenassen se produiraient aussitôt contre Tafilala dans le désert et contre les Riffins dans le Tell. Il est dans la nature des tribus berbères ou arabes d'être essentiellement remuantes et pillardes partout. Celles des frontières, ne faisant pas exception à la règle commune, profiteront toujours des positions géographiques spéciales dans lesquelles elles se trouveront pour vivre du produit des vols, des méfaits, qui se commettront sur la lisière des deux empires. Elles serviront d'intermédiaires aux bandits des deux côtés et leur donneront asile. Cette manière de faire constitue pour ainsi dire l'industrie particulière des habitants des frontières barbaresques. Chez nous, en Algérie, ne découvrons-nous pas à tous moments des douars qui, situés aux extrémités de localités où se tiennent de grands marchés, cherchent à se créer cette honorable spécialité? Les membres de ces douars écoulent sur le marché de l'ouest, pour le compte des voleurs, moyennant une bonne remise, les bestiaux ou les objets divers volés dans la région de l'est et *vice versa*. Nos tribus frontières sont-elles donc sous ce rapport beaucoup plus honnêtes que leurs voisines? Assurément non. Voici ce qui se passe. Elles volent leurs voisines avec une ardeur à nulle autre pareille. Les autres usent de représailles. Tant que l'actif est en faveur des nôtres, elles ne se plaignent point. Elles ne jettent les hauts cris que quand elles voient avec effroi le passif les menacer. Oh! alors elles accourent vers leurs administrateurs réclamer l'intervention de la force armée. Les administrateurs, militaires ou civils, intéressés à ce que l'on dise d'eux qu'ils exercent une surveillance rigoureuse et efficace sur les pays commis à leur garde, rendent compte des méfaits dont leurs administrés sont les victimes, mais, mal renseignés eux-mêmes, ils gardent le silence sur ceux commis par nos tribus. L'autorité supérieure, mise en éveil, se doutant que nos sujets ne sont pas tout à fait innocents, réclame les listes des vols commis de part et d'autre. Les administrateurs dressent ces listes, mais, par un hasard que je laisse à d'autres le soin d'expliquer, les listes des méfaits imputables aux nôtres sont tonjours beaucoup plus courtes que celles des méfaits reprochés aux voisins. Voilà l'exacte vérité sur ce qui s'est passé de tout temps sur nos frontières, sur ce qui s'y passe en ce moment, et sur ce qui s'y passera aussi longtemps qu'elles seront habitées par des peuplades berbères ou arabes.

Est-ce donc pour des faits aussi immoraux, pour des populations aussi peu recommandables que celles-là que nous devons mettre en jeu l'avenir de la France, que nous devons exposer ses plus chers intérêts ? Je le demande à tout homme sensé ? Toutes ces questions de violation de territoire qui acquièrent d'immenses proportions entre peuples civilisés, n'ont aucune portée quand il s'agit de tribus barbares chez lesquelles l'instinct de la rapine dominant tout ne connaît pas de bornes. En y réfléchissant bien on verra que ce qui a lieu entre les tribus frontières se passe journellement entre tribus de deux cercles voisins, de deux subdivisions limitrophes.

Le meilleur des administrateurs est celui qui par ses connaissances des mœurs des indigènes, par le respect qu'il inspire à ses administrés sait prévenir les conflits ou, en tous cas, sait les apaiser sans jeter le trouble dans la région confiée à sa garde, comme le meilleur des gouverneurs généraux, militaires ou civils, est celui qui a assez de tact, assez d'expérience pour ne pas créer des embarras à sa patrie parce que des pillards reprochent à d'autres pillards d'avoir plus pillé qu'eux. Il suffit pour cela de ne point exposer le sang des soldats français pour n'avoir pas à tirer vengeance de ceux qui l'ont fait couler ; de laisser les honorables adversaires vider leurs querelles entre eux, et de ne pas donner à ces faits, d'une importance très-relative, des proportions qu'ils ne doivent point avoir. Voyez combien j'ai raison : nous entreprenons contre des tribus tunisiennes voisines de notre frontière une guerre qui a pour but de les punir des déprédations qu'elles ont commises sur nos tribus, des agressions dont elles se sont rendues coupables envers elles, et voilà que nos tribus, loin de voir dans cette guerre un acte tutélaire qui tend à les protéger et à les venger n'y voient qu'une excellente occasion de se soulever contre nous et de faire cause commune avec nos ennemis. Est-ce assez concluant ?

Regardons en Tunisie, au Maroc, si le bey, si l'empereur mettent leurs troupes en campagne chaque fois que deux tribus se volent. Ils ne le font pas parce qu'ils savent bien que ça leur coûterait trop cher ; qu'en outre ils se créeraient des embarras dont ils ne sortiraient jamais. Ils font agir les marabouts et quand ceux-ci ne réussissent pas à ramener la concorde entre les belligérants, ils attendent qu'ils se soient assez affaiblis de part et d'autre puis ils imposent leur volonté sans coup férir. Mais, dira-t-on, il faut forcer ces deux souverains à faire la police chez eux. S'ils ne sont pas assez forts, nous irons la faire. Eh ! mon Dieu, regardons-nous bien avant de tenir ce langage. En premier lieu, sommes-nous sûrs de bien la faire chez nous, cette police ? Il me semble que malgré les efforts que nous faisons tous, fonctionnaires, magistrats et citoyens, nous laissons quelque peu à désirer sous ce rapport. En second lieu, l'intérêt bien entendu de notre domination ne veut-il pas que nos voisins soient faibles et ne puissent nous résister au besoin? Je dis plus, je dis que cette faiblesse est une sauvegarde pour ces deux souverains aussi bien que pour nous, car si jamais l'un d'eux était considéré par ses sujets comme étant assez fort pour nous faire la guerre et qu'il ne nous la fît pas, il serait aussitôt détrôné. J'affirme sans crainte que le meilleur usage que ferait de sa force un prince musulman voisin de l'Algérie serait de nous attaquer dès qu'une occasion favorable s'offrirait à lui.

Notre grand malheur, à nous autres Français, c'est de trop nous illusionner et de ne vouloir jamais nous rendre compte de la réalité.

Quand nous nous occupons de politique algérienne, nous raisonnons toujours comme si, affranchis de tous dangers du côté de l'Europe, nous étions sûrs d'avoir constamment sous la main une armée formidable, bien disciplinée, bien pourvue d'armes de précision, à opposer à des hordes de barbares, mal armés, ne marchant au combat que dans le plus grand désordre. Nous ne prévoyons pas le cas, — très-admissible pourtant, — où la France, obligée de défendre son territoire contre une coalition quelconque, se verrait dans la douloureuse nécessité d'abandonner l'Algérie à ses propres forces. Qu'on ne vienne pas m'objecter que le cas s'est présenté en 1870 et que nous avons surmonté heureusement la difficulté car je répondrais par ces simples questions: quel est l'homme qui serait assez osé pour soutenir que les dispositions des indigènes à notre égard n'ont pas changé depuis ? Quel est l'Algérien qui, en ce moment où nous sommes en paix avec toutes les puissances européennes, voudrait endosser l'écrasante responsabilité de maintenir la tranquillité dans les tribus, d'assurer la sécurité de nos colons, sans avoir recours à une armée d'occupation ?

Que serait-ce donc si nous avions la guerre en Europe, si nos communications avec la métropole étaient interceptées par des flottes puissantes ?

Que deviendrions-nous, je le demande, si, en pareille occurence, l'Algérie était bornée à l'est et à l'ouest par de puissants états musulmans ?

CHAPITRE III

MESURES A PRENDRE POUR RAMENER LE CALME ET LA SÉCURITÉ

Étant données les forces matérielles et morales dont disposent les Oulad Sidi Cheikh pour nous combattre et nous résister ; — étant données les situations respectives du Sud, où les tribus luttent ouvertement contre nous, et du Tell où les populations malheureuses nous font une hostilité sourde qui se révèle de fois à autres par des faits dont l'éloquence ne saurait donner lieu à aucune méprise, — nous devons faire aux révoltés du sud une guerre acharnée, implacable, les poursuivre jusque dans leurs repaires les plus reculés. Mais nous devons employer à l'égard des égarés du Tell, — je ne parle pas, bien entendu, des incendiaires ni des criminels pris sur le fait, — une politique pacificatrice, basée sur une étude approfondie de leurs besoins, de la valeur de leurs hommes marquants, tenant compte de la nature et de l'étendue des préjudices que leur causent le développement de notre colonisation et l'application d'une législation qu'ils ne comprennent pas parce qu'elle est, sur bien des points, opposée à la leur. Nous devons en même temps prendre des mesures énergiques tendant à raffermir notre domination et à assurer à jamais notre tranquillité.

Dans ce pays rien n'est indifférent. Chaque événement aussi grave qu'il puisse paraître a un côté qui, si nous savons bien le prendre, peut le faire tourner à notre avantage ; chaque indigène possède une valeur relative dont nous pouvons tirer parti si nous sommes adroits.

Courir sur Bou-Amama, le réduire à l'impuissance, est une tâche qui toute pénible qu'elle est n'est pas au-dessus de nos forces. Mais ce n'est qu'un expédient, car à Bou-Amama il en succédera un autre, un de ses fils probablement. Nous avons déjà Kaddour Ben Hamza, Sidi El Ala, Ed-Din, le jeune Hamza, Slimane Ben Kaddour. Bref, les Oulad Sidi Cheikh sont une vaste pépinière de sultans agitateurs. Il faut donc en finir une bonne fois avec eux. Pour y parvenir, une occupation sérieuse et permanente du pays qui sert de théâtre à leurs exploits est indispensable, et notre action militaire ne sera fructueuse que si elle marche de front avec l'adoption de mesures politiques et administrative d'ordre intérieur.

D'autre part, venir au secours des indigènes affamés du Tell en leur facilitant les moyens d'emprunter, ce n'est encore qu'un expédient. Or, je sais que depuis plus de vingt ans on ne leur vient en aide que par des expédients. Ce qu'il est urgent de faire, c'est de perfectionner notre système administratif d'une façon qui permette d'assurer leur prospérité en les administrant mieux que nous ne l'avons fait par le passé, en apportant plus de sollicitude dans la sauvegarde de leurs grands intérêts généraux.

Occupation de nouveaux points.

Pour en finir avec les Oulad Sidi Cheikh et avec les populations qui les écoutent, pour mettre un terme à cet état intolérable qui dure depuis 1863, à ces escarmouches qui mettent le sud en feu et le Tell en ébullition, il faut nous hâter d'occuper les ksour d'El Abied Sidi Cheikh et de Tiyout et de relier ce dernier à Sebdou en occupant aussi Aïn Ben Khelil.

La chaîne de montagnes qui s'étend du Djebel Amour, à l'est, au pays des Oulad Djerri, à l'ouest, où sont situés les ksour d'Aïn Seficifa, d'Ain Safia, de Tiyout, de Mograr, d'Asla, de Bou-Semghoun, de Chellala, d'El Abied Sidi Cheikh, des Arbaouat, de Brizina et de Ghassoul, — cette chaîne de montagne, dis-je, renferme, au sud-ouest, les remparts naturels et *obligés* de l'Algérie. Les pentes qui, au nord, déversent leurs eaux dans les Chots Chergui, Rarbi et Tigri, celles qui, au sud, déversent les leurs dans les Oued Zouzefana, Namous, El Benoud, Soggueur et Zargoun en sont les glacis. Or, de ce côté, nous ne sommes point gardés et nos remparts comme nos glacis sont aux mains de notre ennemi. Il a pour base de ses opérations la montagne escarpée des Amour ou les environs de Figuig. C'est de là qu'avec ses contingents il s'élance vers l'est.

Plusieurs routes s'offrent à son choix. Il peut, laissant les montagnes au nord et à sa gauche, suivre ce que j'appelle le glacis Sud, traverser successivement les oued précités en passant par El Ouled, El Benoud, Sidi El Hadj Ed-Din et surprendre les habitants du Djebel Amour ou les Larbaâ du cercle de l'Aghouat. C'est la route que suivent les fils de Hamza quand le cercle de Géryville étant tranquille ils ne veulent point compromettre leurs alliés secrets campés dans le bassin de Tismouline et de Naama. — Il peut suivre la ligne des ksour en passant par Mograr Tahtani, En-Nokhaïla, El Abied Sidi Cheikh et Sidi El Hadj-ed-Din. — Il peut, laissant les montagnes à sa droite et au sud, suivre le glacis nord où se trouve la ligne d'eaux du bassin que je viens de nommer, passer non loin de Géryville, aller à l'oued Sidi Nacer peuplé d'alliés secrets ou avérés, suivre cet oued dans la direction du nord et déboucher à son gré devant Frenda ou devant Tiaret. Est-il serré de trop près par nos colonnes du nord, il fuit vers le sud, se dérobe en traversant les montagnes, et s'en retourne paisiblement à son point de départ en suivant la première route indiquée. En somme, il a quatre routes principales. La première, quand il se sent fort et appuyé moralement par les populations des Hauts-Plateaux, est celle qui, courant de l'ouest à l'est, laisse les Chots au sud ; — la seconde est celle qui laisse ses grandes dépressions au nord ; — la troisième est celle qui passe par les ksour; — la quatrième est celle qui consiste, comme je l'ai dit, à laisser à sa gauche les montagnes des ksour. Chaque fois qu'il s'avance il n'a rien à craindre sur ses

routes que suivirent ordinairement les chefs d'incursions

derrières ni sur son flanc droit. Libre de ses mouvements, il manœuvre comme il l'entend à droite, à gauche ou au centre des montagnes. Il ne tenterait pas de pareilles aventures, si Aïn Ben Khelil et l'extrémité ouest de la chaîne étant gardés par nous, nous pouvions nous élancer immédiatement à sa poursuite quelle que fût d'ailleurs la route qu'il eût prise, car il serait menacé de flanc et de front et sa retraite serait coupée. Une seule ressource lui resterait, ce serait celle de se jeter dans les areg.

Chaque fois qu'il s'avance nous crions bien haut qu'il vient du Maroc. Avant de nous prononcer aussi formellement, examinons le traité du 18 mars 1845. Ce traité dit à l'article 4 : « Les Hammian Djemba et les Oulad Sidi « Cheikh Garaba dépendent du Maroc et les Oulad Sidi « Cheikh Cheraga ainsi que tous les Hammian excepté les « Hammian Djemba susnommés dépendent de l'Al- « gérie. »

A l'article 5 : « Les ksour qui appartiennent au Maroc « sont ceux de Yiche et de Figuig. Les ksour qui appar- « tiennent à l'Algérie sont Aïn Safra, Sficifa, Asla, Tiyout, « Chellala, El Abied et Bou-Semghoun. »

A l'article 6 : « Quant au pays qui est au sud des « ksour des deux gouvernements, comme il n'y a pas d'eau, « qu'il est inhabitable et que c'est le désert proprement « dit, la délimitation en serait superflue. »

L'article 4 déjà cité, nous apprend en outre que :

« Dans le Sahara il n'y a pas de limite territoriale à « établir entre les deux pays puisque la terre ne se laboure « pas et qu'elle sert de paccage aux Arabes des deux em-

[Note marginale : Examen du traité de délimitation entre la France et le Maroc.]

« pires qui viennent y camper pour y trouver les pâtu-
« rages et les eaux qui leur sont nécessaires. »

Ainsi, dans le Sahara comme au sud des ksour, il n'y a
pas de limite. Nous n'avons donc pas le droit, légalement
parlant, quand un ennemi nous vient de ces parages
et qu'il est sujet français, ce qui est le cas des Oulad
Sidi Cheikh Cheraga, d'affirmer qu'il vient du Maroc.

Mais le mot Sahara est bien vague. A-t-il signifié dans
l'esprit des parties contractantes la région qui s'étend au
sud des ksour jusqu'au Gourara, au Touat, au Tidikelt et
au delà? A-t-il signifié aussi celle qui, au nord des ksour,
constitue ce que nous appelons la région des chots, celle
des Hauts-Plateaux? La dernière hypothèse est très-admissible puisque la description détaillée de la limite partant
du nord, au point où l'oued Adjeroud se jette dans la mer,
s'arrête, au sud, à Teniat-es-Saci, point situé à 35 kilomètres environ du nord du chot Rarbi, et qu'à partir de
là les territoires de Béni-Mathar de Ras-el-Aïn, des Béni-
Guil, à l'ouest, et celui des Hammian, à l'est, constituent
seuls la ligne de démarcation fort peu précise, on en conviendra. Car ces tribus, toujours en état d'hostilité, ayant
des prétentions exorbitantes au sujet des espaces indéfinis
sur lesquels elles opèrent leurs pérégrinations pastorales,
sont absolument incapables de s'entendre à propos des
limites de leurs territoires respectifs. Il s'ensuit qu'à partir de Teniat-es-Saci, se dirigeant vers le sud, la limite est
complétement vague et qu'elle doit passer par un point
également vague qui est situé entre le ksar de Yiche appartenant au Maroc et celui d'Aïn Sficifa appartenant à l'Algérie.

Nos ennemis ont très-bien compris le défaut de cette situation, car, depuis 1845, ces parages sont le théâtre de toutes les luttes que se livrent les tribus de la frontière, de toutes les attaques au les incursions dont l'Algérie se plaint avec raison depuis 1864. Qu'on veuille bien le remarquer, depuis 1845 l'Algérie n'a subi aucune violation de territoire, aucune incursion à main armée dans la partie de sa frontière qui a été bien définie au nord. Je ne dis point qu'elle n'ait pas eu à enregistrer des actes de brigandage des vols à main armée ou autrement, mais ça n'a jamais été que des faits isolés que nous avons su réprimer et qui n'ont jamais eu la gravité de ceux qui se passent au sud où nous voyons depuis bien des années des colonnes d'indigènes s'organiser pour venir piller nos établissements.

Il devient donc d'une nécessité impérieuse, absolue, de nous fortifier sur la ligne indécise de notre frontière qui va de Teniat-es-Saci au Ksar d'Ain Sficifa, ainsi que sur celle qui va de ce ksar au poste de Géryville. Je n'hésite pas à dire que le salut de l'Algérie dépendra un jour de la façon dont nous aurons organisé notre défense de ces deux côtés. Quand je considère que les divers conquérants de ce pays, sauf les Français, en ont effectué la conquête en suivant, de l'est à l'ouest, ou de l'ouest à l'est, les grands sillons formés dans ce sens par les chaînes de l'Atlas, je frémis de voir que nous n'avons su encore prendre aucune disposition sérieuse pour fermer les extrémités de ces sillons que nous tenons !

A ce point de vue j'estime que le point le plus important

8

à occuper, à l'ouest, est celui de Tiyout quoiqu'il ne soit pas situé tout à fait sur la frontière. Aïn Sficifa la touche, mais c'est un petit ksar sans importance qui ne commande rien dans le sud algérien et n'est sujet à aucun agrandissement par suite de la trop petite quantité d'eau dont il dispose. Il n'a pas même de palmiers, l'eau lui faisant défaut pour les arroser.

Ksar de Tiyout

Le choix de Tiyout s'impose à bien des titres. C'est un fort joli ksar qui possède une jolie forêt de palmiers et de très-beaux vergers complantés d'arbres fruitiers de toutes sortes. Les eaux y sont abondantes et excellentes. Les indigènes, en parlant des eaux de Tiyout, disent dans leur langage imagé : « Il y a à Tiyout un fleuve comme le Nil, une véritable mer. » C'est de l'exagération. Tiyout renferme un certain nombre de serviteurs des Tedjini et de descendants de Sidi Ahmed Ben Youcef. Les uns et les autres, étant nos alliés naturels, nous rendront de grands services si nous savons les employer. Par eux nous serons tenus au courant, jour par jour, de ce qui se passera à Figuig, à Tafilala et au Gourara. La garnison trouvera sous les ombrages de ces palmiers les moyens d'occuper ses loisirs à circuler dans la campagne sans être incommodée par les rayons du soleil. Elle pourra y créer des potagers pour subvenir à ses besoins culinaires. Elle aura du bois dans les montagnes environnantes et pourra peut-être y découvrir des parcelles de terre arable où elle récolterait de l'orge pour nourrir une partie de ses chevaux et de ses bêtes de somme. Tiyout quoique situé dans les montagnes est assez près du bassin de Naâma pour qu'on

y puisse surveiller les actes des Oulad Abd-el-Krim.
Quant aux Hammian Chafa et Djemba, quant aux Amour
Sahara, à partir du moment où nous serons à Tiyout, ils
ne pourront plus nous échapper ; ils ne le tenteront même
pas. Cela peut paraître singulier et pourtant c'est exact.

Les tribus du sud, si considérables qu'elles soient, ne
vivent jamais en définitive que dans un périmètre plus ou
moins vaste limité par ceux de leurs voisines ; elles n'ont
la faculté de s'abreuver qu'à un certain nombre d'aiguades
déterminées. Aussitôt qu'elles sortent de leurs territoires,
elles boivent les eaux de leurs voisins, elles dévorent leurs
pâturages. Ceux-ci, mus par un sentiment de confraternité
musulmane, supportent bien pour quelques jours cette situation gênante, le temps par exemple qu'une colonne
française est de passage dans le pays. Mais comme ils ont
besoin pour leurs propres troupeaux de leurs herbes
et de leurs eaux, ils ne peuvent tolérer longtemps chez
eux les étrangers. Les bergers ne tardent pas à se quereller
et à en venir aux mains sur les pâturages, aux abreuvoirs.
Dans l'espèce, les Hammian ne peuvent vivre chez les
Béni-Guil avec lesquels ils sont constamment en guerre,
ni chez les Amour dont le pays trop petit, trop montagneux
ne pourrait les contenir. Ils ne sauraient non plus trouver
un refuge chez les Douy-Meniâ, leurs ennemis séculaires
qui les ont rejetés sur le pays qu'ils habitent de nos jours.
Si d'une part les Hammian ne se fient point aux Douy-
Meniâ, ceux-ci de leur côté ne leur permettront jamais
l'accès des pâturages de la fertile vallée du Guir supérieur. Quant aux Oulad-Djerir, ils détestent les Hammian

quoiqu'ils aient la même origine qu'eux et ces derniers ne pourraient arriver chez eux qu'en passant sur les cadavres des Béni-Guil.

Tiyout a l'avantage de commander les deux ksour de Mograr, le pays des Oulad Sidi Tadj où se trouve actuellement la zaouïa de Bou-Amama, centre du foyer de l'insurrection, et, ce qui est mieux encore, de commander la tête de cette grande gouttière du sud appelé Oued Namous dans lesquelles les dissidents, pour nous échapper quand nous les poursuivons, se réfugient parfois en nombre considérable. J'ai dit précédemment que les indigènes donnent à Bou-Amama le titre de sultan de l'Oued Namous. C'est de Mograr que partent chaque année les caravanes des Hammian et des Amour qui se rendent au Gourara. S'ils se montraient rebelles à notre autorité, nous leur interdirions ce voyage qui est pour eux un plaisir, une nécessité dont ils ne peuvent se passer.

L'esprit turbulent et hostile des tribus marocaines qui nous avoisinent dans le sud-ouest doit être de notre part l'objet d'une surveillance incessante et immédiate. Les postes de Géryville et de Sebdou sont beaucoup trop éloignés pour pouvoir exercer cette surveillance d'une manière efficace. La garnison de Géryville d'un effectif trop faible n'a jamais pu, à ma connaissance, frapper un coup décisif sur les tribus révoltées de son cercle. Depuis 1864 qu'a pu faire Géryville sinon de courir vainement, sans résultat, après les Oulad Sidi Cheikh quand il leur a plu de marcher vers l'est par l'une des routes que j'ai indiquées tout à l'heure? Il est vrai de dire que les commandants

Les postes de Géry ville et de Sebdou.

supérieurs se sont rabattus sur les malheureux habitants
de Stitten qui, trop faibles pour résister aux injonctions
des fils de Hamza ainsi qu'à leur amour invétéré du pillage, paient constamment pour les autres. Du resté, en
l'état normal des choses, les officiers de ce poste ont assez
à faire à surveiller les Trafi, les Oulad Ziad, les Oulad
Abd-el-Krim et les autres tribus de leur cercle.

Sebdou, très occupé par ses Hammian Chafaâ et Djemba,
n'a pas le loisir de bien étudier ce qui se passe au delà de
la frontière. Ce n'est un secret pour personne que depuis
trente ans les commandants supérieurs de ce poste et
les officiers des affaires indigènes ont été absorbés par la
politique énervante de ces Hammian inconstants et légers
dont les chefs, jaloux les uns des autres, ne sont jamais
d'accord, en sorte qu'il suffise que l'un d'eux paraisse
bien avec l'autorité pour que les autres, en prenant ombrage, fuient dans le désert à tire d'ailes comme de véritables oiseaux.

En nous installant à Tiyout et à Aïn Ben Khelil nous les
tiendrons dans une cage dont il leur sera impossible de
s'évader. D'autre part nous les protégerons mieux que
nous ne l'avons fait par le passé, car, il faut en convenir,
jusqu'ici nous avons été impuissants à les défendre contre
les attaques du sud-ouest. Leur situation est des plus cri-
tiques. Quand ils nous restent fidèles, ils sont à la merci
de tous les coureurs du sud. Si Slimane Ben Kaddour
avant d'être à notre service leur a fait subir de grandes
pertes dans diverses circonstances notamment aux environs de Chellala.Taïeb Ben Slimane, chef des Oulad Serour,

un des hommes les plus dévoués à notre cause, a failli
payer de sa vie l'attachement qu'il nous porte. Les balles
qu'il a reçues dans le corps attestent que Si El Ala a voulu
le faire périr. Quand ils se rallient aux Oulad Sidi Cheikh,
comme nous sommes maîtres de la partie nord de leur
pays, nous leur courons sus en les razziant lorsque nous
parvenons à les atteindre. En somme, ces gens-là, quelles
que soient d'ailleurs les sympathies ou les antipathies
qu'ils ressentent, ne peuvent être que les sujets, les administrés de ceux qui dominent leur pays. Ce pays s'étendant
d'El Aricha aux ksour de Tiyout et autres dont ils sont les
propriétaires, nous devons dominer dans ces ksour aussi
bien qu'à El Aricha. Et nous sommes souverainement injustes à leur égard lorsque, impuissants à les couvrir au
sud, nous leur faisons un crime de se soumettre à celui qui
tient les ksour, c'est-à-dire qui tient la portion de leur
pays à laquelle ils sont le plus attachés. Au reste quand
j'envisage froidement la question des descendants de Sidi
Cheikh dégagée de toutes les croyances superstitieuses qui
les concerne, de toutes les légendes rapportées par les
indigènes, et que je constate que les tribus qui les servent
sont précisément celles qui entourent les oasis de cette famille j'en arrive à deux conclusions :

La première, c'est que les habitants de ces oasis plus
puissants que leurs voisins les ont soumis jadis à un impôt
que leurs descendants perçoivent encore et percevront tant
qu'ils seront les plus forts. Et quand un indigène dit qu'il
lui arrivera malheur s'il ne livre pas le mouton de Sidi
Cheikh, cela signifie qu'il sait que les Oulad Sidi Cheikh

sont encore assez forts pour lui faire un mauvais parti s'il ne s'exécute pas de bonne grâce :

La seconde, c'est que le moyen le plus sûr de réduire les Oulad Sidi Cheikh et leurs adhérents, c'est d'être maîtres absolus des ksour.

Ah ! les Oulad Sidi Cheikh Garaba, les Hammian Djemba, les Amour Sahara, aux termes du traité de 1845, sont sujets marocains, c'est fort bien ; mais comme leurs ksour sont chez nous aux termes de ce même traité, nous allons en interdire l'approche à ceux qui ne veulent pas se soumettre aux règlements de notre police intérieure. Mais pour pouvoir raisonner ainsi il faut être installé sur les lieux mêmes. Si l'on fait cette menace à distance de soixante-dix à quatre-vingts lieues, on se fait moquer de soi par ceux qui y dominant viennent quand cela leur plaît en récolter les fruits. C'est le cas dans lequel nous nous trouvons depuis trop longtemps.

Il me semble que dans la recherche des moyens défensifs et agressifs à laquelle on s'est livré jusqu'ici pour mettre nos établissements et nos tribus à l'abri des attaques venant du dehors, on n'a pas assez tenu compte de l'importance géographique et politique des ksour et des montagnes où ils sont. Pourtant la conduite des Oulad Sidi Cheikh et les avantages qu'ils savent tirer de cette situation exceptionnelle auraient dû nous ouvrir les yeux. On compte trop sur les chots. Les événements récents démontrent surabondamment que la ligne défensive qui s'appuie sur les chots est plus illusoire que réelle. En effet, une troupe de cavaliers peut passer partout. Nos cartes n'indiquent

que les passages principaux. Il en existe bien d'autres connus par les habitants des régions voisines et dans lesquels
ils circulent à leur aise. Aussi se trompaient-ils étrangement ceux-là qui, à l'aide de manœuvres savantes, de combinaisons profondes, avaient la prétention d'y arrêter un
cavalier, un seul, Bou-Amama !

   On fera valoir contre l'occupation des ksour les difficultés inhérentes aux ravitaillements des troupes et les inconvénients de porter trop au sud nos régiments d'Afrique
qui pourraient être appelés un jour ou l'autre à jouer un
grand rôle sur les champs de bataille de l'Europe. Sans
vouloir méconnaître ces raisons qui ne manquent certai-
tainement pas de valeur, je dirai cependant qu'à mon sens
on exagère des difficultés qui vont sans cesse en diminuant.
On occupait autrefois l'importante position d'Aïn Ben
Khelil et l'on a commis la faute de l'évacuer parce que les
Hammian qui fournissaient les transports à dos de chameaux, de Sebdou à cette localité, ont fait défection pré-
tendant que leurs chameaux s'épuisaient à faire les convois.
Si à cette époque nous avions été installés à Tiyout, ils
n'auraient pas pu entrer en rébellion contre nous, car ils
n'auraient su où aller se réfugier, se trouvant pris entre
nos troupes d'Aïn Ben Khelil, au nord, et celle de Tiyout
au sud. D'ailleurs la période des transports à dos de chameaux ainsi que les distances à parcourir par ce mode de
ravitaillement décroissent simultanément de jour en jour.
Déjà la voie ferrée de la compagnie Franco-Algérienne
débouche non loin des puits de Marhoum situés à environ
50 kilomètres au sud-ouest de Saïda et à environ 30 kilo-

mètres de la berge nord du chot Chergui. L'État vient
d'accorder le crédit nécessaire à la création d'une ligne
stratégique venant s'embrancher sur celle qui existe et la
reliant à Kreider d'abord, puis à Mécheria, dit-on, — et,
je l'espère bien, jusqu'à Tiyout. — Je maintiens que tant
que nous n'occuperons pas Tiyout, tant que la ligne ferrée
n'y aboutira pas, toutes les mesures que nous prendrons,
toutes les fatigues que nous imposerons à notre vaillante
armée n'auront que des résultats absolument négatifs.

Le chemin de fer de Sidi Bel-Abbès va être continué
jusqu'à Magenta et à Ras-el-Ma où se trouvent les sources
de cette charmante petite rivière qui porte le nom de
Mekerra, dont le cours silencieux féconde de ses eaux
bienfaisantes le plus beau spécimen de colonisation que
nous ayons en Algérie après la Mitidja. Les nécessités de
l'exploitation de l'halfa obligeront certainement à prolonger la voie jusqu'aux Mekamen, sortes de bas-fonds situés
entre les deux chots. De là aux ksour il n'y aura qu'un pas
à faire. Il sera d'autant plus facile à franchir que le textile
précieux existe en abondance aussi bien au sud qu'au nord
des chots. En attendant la réalisation de ces derniers projets nous utilisons à bon droit la voie Franco-Algérienne
et l'on peut avancer sans être trop optimiste que Tiyout et
les oasis des Oulad Sidi Cheikh deviendront têtes de lignes
si on leur accorde l'importance qu'on ne saurait leur dénier
tant au point de vue du châtiment à infliger aux rebelles
qu'au point de vue de l'accomplissement de nos desseins
sur le grand Sahara. Au reste leur occupation permanente
est encore une conséquence logique, forcée du grand dé-

veloppement que prend chaque jour l'exploitation de l'habfa. Cette industrie en s'avançant nous oblige à reporter nos lignes de défense plus en avant. Ne méconnaissons pas cette grande vérité, car une seconde édition des massacres de Saïla viendrait certainement nous l'enseigner. Craindrions-nous donc de nous y fixer? N'habitons-nous pas déjà Biskra, Bou Saada? Les ksour de l'ouest ne sont que le prolongement de ceux de l'est sur lesquels flotte notre drapeau.

Le transport des vivres à dos de chameaux étant encore nécessaire pour quelque temps, nous avons à craindre la défection des tribus connues par leurs richesses en animaux de la race caméline. Sous ce rapport l'absence des Hammian Djemba cause un grand vide. N'oublions pas qu'en courant à Tiyout nous devenons en même temps maîtres de leurs chameaux et de ceux des Chafaa.

Reste l'inconvénient résultant de la présence de nos troupes d'Afrique sur des points trop éloignés du littoral pour en permettre l'embarquement immédiat. Jusqu'à présent elles ont tenu garnison dans nos postes avancés de Sebdou, Daya, Saïda, Tiaret, cela ne les a point empêchées d'arriver à temps aux ports d'embarquement. Celles qui se trouveraient à Tiyout et à El Abied Sidi Cheikh auraient quelques étapes de plus à faire mais en se dirigeant sur le terminus de la ligne d'Arzew, et en prenant le chemin de fer, elles arriveraient encore plus tôt que celles qui viendraient d'El Aricha, de Sebdou, de Tlemcen, ou de Géryville et de Tiaret. Du reste, si nous voulons désormais dominer dans le sud, — et la sécurité du Tell nous y oblige, — il ne faut pas songer à le dégarnir de troupes. Rien n'empêche de faire garder nos nouveaux postes par des régiments venant de France. Je ne vois pas pourquoi on ne se plaît qu'à aguerrir les anciennes troupes qui le sont déjà. Nous en arrivons, peu à peu, à faire dépendre le sort de nos batailles de la présence ou de l'absence de l'armée d'Afrique dont personne assurément ne contestera les qualités solides, et comme nous ne sommes pas sûrs de l'avoir sous la main au moment propice, il en résulte qu'un aléa terrible est suspendu sur les destinées de la France. Pourquoi ne pas remédier à cela par un moyen bien simple qui consisterait à envoyer successivement en Afrique, pour les aguerrir, tous les régiments de la mère-patrie. En quoi ce système dérangerait-il l'organisation de nos corps d'armée? Question d'économie sans doute. Ici l'économie est déplacée. Si nous ne faisons pas la guerre en Europe d'ici à longtemps, — chose fort désirable du reste, — les officiers, sous-officiers et soldats des dix-huit corps d'armée de France n'enregistreront pas une seule campagne sur leurs états de services, alors que ceux du dix-neuvième corps en auront plus qu'il ne leur en faudra pour leur assurer le maximum de la pension de retraite. Est-ce là une justice distributive bien équitable?

Tiyout doit être relié à Sebdou et à Tlemcen par Aïn Ben Khelil, point essentiellement stratégique que nous avons déjà occupé. De cette localité où les eaux abondent et qui est située au cœur du pays des Hammian Chafaâ, on est maître des eaux de Touadjeur, d'Aïn Malha, de Fritis et l'on en défend l'accès aux Trafi insurgés; on commande le

Aïn Ben Khelil

carrefour des chemins venant des ksour algériens, de Figuig, d'Aïn Chaïr, de Tigri, etc., etc. Ce carrefour est bien connu des indigènes. Ils l'appellent : « El Magroun » (lieu de rencontre des chemins, confluent). Une colonne partant d'Aïn Ben Khelil peut à sa volonté longer les côtes nord et sud de cette ligne de montagnes qui courent du nord-est au sud-ouest sous les noms d'Amrag, Auter, Aniter, Stima, Bou Khacheba, Ketob el Homara. Le col de Teniat-Chikha lui facilite l'accès immédiat des deux versants sur lesquels elle peut exercer, suivant les circonstances, son action militaire. Je trouve la position d'Aïn Ben Khelil bien supérieure à celle de Mecheria où l'on construit un grand camp retranché. L'ancien ksar ruiné de Mecheria où les eaux sont peu abondantes se trouve au pied sud-est du djebel Auter, non loin du coude formé par le point d'attache de cette montagne avec le Djebel Aniter. Dominé à l'ouest par les hauteurs de ces montagnes qui forment un mur gigantesque infranchissable, il n'offre que deux avantages :

Mecheria.

1° De commander les eaux du bassin de Tuadjeur, de Naâma, etc... ;

2° D'avoir du bois à sa portée, ce qui permettra aux troupes de se construire des abris.

Au nombre des inconvénients de sa position figure en première ligne la rareté de l'eau, ce qui empêchera d'y faire un long séjour ; ensuite l'absence d'un passage à proximité permettant de traverser la montagne pour se transporter vivement à l'ouest de façon à surveiller les Hauts-Plateaux ou à couper la route à un ennemi à qui il

plairait de suivre la ligne des chots de l'ouest à l'est. Dans
le cas où il deviendrait urgent d'agir au sud-ouest des
montagnes, du côté du chot Rarbi, il faudrait une journée
de marche d'infanterie pour déboucher sur les Hauts-
Plateaux, et l'on ne pourrait y arriver qu'en passant par
l'extrémité ouest du Djebel Aniter, entre cette montagne
et celle d'El Itima. Si, au contraire, on était pressé d'agir
au nord-ouest, du côté du chot Chergui, il faudrait une
journée de marche également pour y arriver en passant
par El Ouassâ. Dans un cas comme dans l'autre il faut
perdre une étape avant de franchir la montagne. J'ai dit
que El Mecheria est dominé par le Djebel Anter. Cet inconvénient obligera à y établir des postes-vigies pour connaître ce qui se passera au delà. De nombreuses bandes de
maraudeurs, connues sous le nom de *zich*, harcelleront les
fourrageurs; elles assassineront tous ceux qui commettront l'imprudence de s'écarter du camp; elles voleront
les chevaux et les bêtes de somme sans qu'on puisse s'emparer des malfaiteurs, parce que dès qu'on les serrera de
près, il se réfugieront dans la montagne, où il sera impossible de les atteindre. Les ruines de l'ancien ksar attestent
du reste que la mauvaise position qu'il occupait par rapport à la montagne jointe à l'exiguité de ses eaux ont été
les causes déterminantes de sa perte.

Mecheria est en outre trop éloigné des montagnes des
ksour pour que l'autorité qu'on y placera puisse voir de là
ce qui se passera sur leurs versants sud; pour qu'elle
puisse menacer les têtes de ces grandes vallées qui, partant des ksour, s'enfoncent dans la direction des Areg.

El Abied Sidi Cheikh.

De grandes nécessités politiques nous imposent l'obligation de nous installer militairement à El Abied où se
trouve le tombeau de Sidi Cheikh (1). Il y a là plusieurs
petits ksour trop éloignés de Géryville et de Tiyout pour
ne pas échapper à leur surveillance. Ce point est d'une
importance capitale, parce que c'est celui de toute l'Algérie
qui a le plus de relations avec le Tell et avec les oasis de
l'intérieur de l'Afrique. El Abied est pour les habitants du
sud, pour ceux de la lisière du Tell et pour beaucoup de
Gourariens même un lieu saint et vénéré où ils se rendent
en pèlerinage. C'est là que se centralisent les offrandes et
les redevances données à la grande Zaouïa par les nombreux affiliés de l'ordre. Elles sont réparties ensuite, j'en
ai la conviction, entre les chefs qui nous combattent. C'est
un centre de ralliement, un foyer d'intrigues où se rencontrent, venant de toutes les directions, les individus les
plus ouvertement hostiles à notre domination. C'est encore
là qu'ils trament leurs complots et arrêtent le mot d'ordre
à faire circuler. Aucune détermination n'est prise sans
avoir été soumise préalablement à l'approbation de Sidi
Cheikh. A cet effet, l'homme le plus considérable de la
famille sous le rapport religieux entre dans la goubba de
Sidi Cheikh après avoir eu le soin de faire ses ablutions.

1. La destruction de ce tombeau, survenue depuis, ne modifie pas
ma manière de voir sur la nécessité d'occuper El Abied.

Il y récite ses prières obligatoires et surérogatoires, s'incline, se prosterne, s'humilie, puis il consulte l'ombre du marabout qui est sensée sortir de son tombeau pour lui inspirer ce qu'il y a lieu de faire. Il sort brisé de la goubba, dans un état complet de prostration, et il transmet au public qui l'attend avec anxiété la volonté du santon. Il va sans dire que cette volonté est toujours conforme aux résolutions prises à l'avance par l'auteur et par les promoteurs de cette comédie.

L'occupation d'El Abied offre en outre d'excellents avantages au point de vue militaire. Ce point commande l'Oued El Benoud, il menace l'Oued Soggueur, où se réfugient parfois les dissidents et il domine la route que suivent les caravanes des Trafi qui se vendent annuellement au Gourara. Les très nombreux chemins qui y aboutissent permettent à une colonne de s'élancer dans toutes les directions et d'empêcher une agression venant du sud. L'édification d'une forteresse sur ces lieux réputés saints par les musulmans aurait un immense retentissement dans tout le désert. Je suis persuadé que si nous avions pris cette sage détermination après les événements de 1864, nous en aurions fini depuis longtemps avec nos ennemis.

La tête des Oulad Sidi Cheikh, ou, pour m'exprimer plus exactement, les têtes des Oulad Sidi Cheikh, — car ils ressemblent à l'hydre de la fable, — sont partout où il leur plaît de transporter leurs tentes et leurs zaouïa. Leurs bras nerveux embrassent le Tell et le Sahara, mais leur organe vital essentiel, leur cœur, est fixé dans les montagnes de leurs ksour. Mettons vite le pied sur ce cœur dont les

palpitations nous causent tant de mal, nous verrons d'a-
bord les têtes et les bras s'agiter convulsivement, puis
finalement rester sans mouvement. J'ai dit ci-devant que
les Arabes comparent cette famille à un palmier majes-
tueux dont le tronc est au désert et les rameaux étendus
sur le Tell. Hâtons-nous de soumettre le tronc à une com-
pression continue, nous verrons aussitôt dépérir les rameaux.

Création d'un Makhezen.

El Abied Sidi Cheikh doit être en outre le lieu de résidence d'un Makhezen, cavalerie irrégulière indigène, qu'il
importe de créer au plus vite dans le sud sur le modèle du
Makhezen mobilisé d'Oran qui nous a rendu des services
si éminents dans le nord. Sa mission consisterait à opposer la rapidité de ses propres mouvements à la rapidité de marche des cavaliers sahariens. Semblable à un
aigle faisant le guet sur son aire, il serait toujours prêt à
fondre sur les coureurs imprudents qui oseraient s'aven-
turer à portée de son vol.

Les descendants de Sidi Cheikh, s'ils étaient restés fidèles, étaient les chefs naturels de ce Makhezen du sud
appelé à maintenir en respect les tribus des Hauts-Plateaux et à nous préparer les voies du Sahara. Puisque
loin de les avoir pour auxiliaires nous les avons pour adversaires et que nous voulons les réduire, il faut recruter

ce Makhezen dans les tribus du Tell. Il faut éviter de la façon la plus absolue que le recrutement en soit fait dans les tribus qui toutes, ou presque toutes, subissent leur ascendant. Non-seulement nous ne devons pas nous servir de celles-ci dans la répression de leurs seigneurs mais nous devons éviter de devenir les auteurs inconscients de futurs malheurs en confiant des armes à des hommes qui s'empresseraient de les tourner contre nous ou qui refuseraient de s'en servir contre les membres de leurs propres familles. En effet, serait-il prudent, serait-il intelligent de notre part de compter sur le dévouement de cavaliers tirés des Trafi pour courir sur les Trafi, des Rezaïna pour courir sur les Rezaïna, des Hammian pour courir sur les Hammian? Ce serait insensé. Et pourtant le recrutement des spahis ne se fait pas autrement. C'est-à-dire que les escadrons se recrutent parmi les tribus qui environnent les bordj où résident les Smalas. Aussi qu'arrive-t-il, c'est que les spahis ainsi recrutés marchent de bon cœur quand il s'agit de réprimer des insurrections prenant naissance ailleurs que dans leurs tribus, mais qu'ils ne montrent pas le même enthousiasme lorsqu'il s'agit de poursuivre leurs tribus, c'est-à-dire leurs parents les plus chers. Pourrait-il en être autrement? Les événements du Tiaret et du Tarf sont faits pour ouvrir les yeux des moins clairvoyants. Ce qui fait que les tirailleurs indigènes, les turcos sont les troupes les plus solides que nous ayons, c'est qu'ils sont recrutés partout, sur tous les points de l'Algérie, c'est qu'un bataillon ne peut être appelé à tirer sur sa propre tribu. Je viens de citer Tiaret, j'aurais mieux fait de citer

9

tout de suite l'affaire de Aïoun Sidi Bou Beker où périt le lieutenant colonel Beauprêtre. Dans cette affaire les turcos appartenant à différentes tribus du littoral se firent tuer jusqu'au dernier, les spahis recrutés en majorité parmi les Harar passés à l'insurrection n'en firent pas autant. Les spahis d'autrefois recrutés tels qu'ils l'étaient pendant les guerres que nous avons soutenues contre l'émir Abd-el-Kader et contre le Maroc, organisés en régiments compactes, comme celui qui habitait à Messerguin, par exemple, étaient supérieurs à ceux d'aujourd'hui. Que messieurs les officiers et tous les Français qui servent actuellement dans cet honorable corps veuillent bien considérer que je ne les mets point en cause ; ils ont autant de valeur aujourd'hui qu'en avaient leurs prédécesseurs. Je ne vise que le mode de recrutement des soldats que je trouve défectueux et que je ne veux pas voir appliquer à la création d'un Makhezen dont je suis le partisan d'autant plus ardent que je suis convaincu qu'elle est la conséquence obligée de notre marche en avant dans le sud.

J'ai dit que nous ne pouvions nous passer de la coopération des indigènes à tout ce que nous entreprenons dans ce pays. C'est tellement vrai que toutes nos colonnes sont pourvues d'un goum plus ou moins nombreux pris toujours parmi les tribus avoisinant les territoires où elles sont appelées à opérer. La façon dont ces goums sont composés, équipés, armés, montés, organisés, conduits est le plus grand élément de revers que nos officiers supérieurs et généraux traînent à leur suite, le germe le moins apparent mais le plus terrible des périls qui me-

nacent leur petite armée. Un autre germe de désastre plus
funeste encore réside dans la mauvaise composition des
convoyeurs indigènes chargés de transporter les vivres.
Je ne parlerai pas de ce fléau, cela m'entraînerait trop loin.
Je me bornerai à dire que les désastres que subissent nos
colonnes, généralement occasionnés par la marche de
leurs convois, proviennent beaucoup plus de la façon dont
les bêtes de somme et les convoyeurs ont été désignés,
équipés, choisis dans le Tell que de la façon dont ils sont
conduits dans le sud.

Les Goums.

Les goums sont les yeux et les jambes des colonnes qui
opèrent dans les vastes plaines du sud. Privées de ces
membres précieux, elles s'agitent dans le vide sans directions précises, sans résultats sérieux. Il faut donc avoir le
soin de bien choisir ces membres et de bien les entretenir,
faute de quoi ils ne peuvent fonctionner. Que voyons-nous
aujourd'hui? Qu'on impose à des malheureux qui meurent
de faim chez eux, qui la plupart nourrissent leur famille
au jour le jour, à l'aide d'expédients plus ou moins honnêtes, qu'on leur impose, dis-je, le devoir de partir en
guerre à leurs frais, le plus souvent sans vivres, toujours
sans solde, d'abandonner leurs femmes et leurs enfants
aux horreurs de la faim, à toutes les misères de la vie, à
toutes les attaques, à toutes les provocations, à toutes les

insultes des mauvais sujets de la société la plus corrompue qui se puisse voir. Et cela pourquoi ? Pour leur procurer l'occasion de combattre des hommes auxquels ils souhaitent hautement des succès parce que ces hommes défendent à leurs yeux la cause sacrée de l'indépendance et de la foi communes foulées aux pieds par ceux qu'ils regardent comme leurs oppresseurs ; — ou pour leur procurer l'occasion de se faire tuer, eux et leurs chevaux, sans aucune rémunération ni compensation ! En vérité chez nous la naïveté le dispute au grotesque.

N'est-ce point une aberration de notre part que de compter sur le dévouement de pareils auxiliaires ? Comment, nous les contraignons à faire la guerre sans les payer, sans leur donner des armes, et nous trouvons mauvais qu'ils ne mettent pas d'enthousiasme à se faire tuer ! Mais nous autres, qui sommes des Français, défendons-nous notre patrie gratis et à nos frais ? Ne sommes-nous pas nourris, équipés, armés, payés par ses soins ? Et voyez où nous entraîne cette......, ce je ne sais quoi que je ne veux pas définir. D'une part nous cherchons à les désarmer, de l'autre nous les obligeons à acheter des fusils, à leurs frais, pour nous défendre. Quelle étrange contradiction ! Les partisans, convaincus, du désarmement en masse des indigènes pourraient-ils nous dire ce que seraient devenus les Harar s'ils n'avaient eu ni poudre ni fusils quand Bou-Amama est venu pour les emmener ? Ce qui s'est passé à propos des Harar peut se représenter demain à propos d'une autre tribu.

Je m'arrête ne voulant point entrer dans un ordre d'idées qui m'entraînerait beaucoup trop loin. Il est temps de rompre avec un système déplorable qui nous conduit à notre perte finale en causant les insuccès partiels de nos colonnes volantes. Ce que j'ai dit démontre suffisamment, je l'espère, l'importance capitale qu'il y a pour nous à bien recruter, à bien équiper, et aussi à bien payer le Makhezen dont la formation est indispensable.

En ce qui concerne le recrutement, il ne faut enrôler que de bons cavaliers volontaires pris partout dans le nord; exclure impitoyablement les individus appartenant à des tribus ou à des douars réputés pour servir Sidi Cheikh; exclure également tout individu faisant partie d'un ordre religieux. Servir à la fois un grand marabout et des chrétiens qui font la guerre aux musulmans sont deux choses incompatibles. Quelques sujets seulement choisis parmi des tribus du sud qui ne servent pas les Oulad Sidi Cheikh seraient incorporés pour servir de guides. L'homme qui se présenterait serait tenu de fournir son premier cheval. Il serait nourri aux frais de l'État ainsi que son cheval; il recevrait une solde journalière dont la quotité sera fixée ultérieurement; lui et son cheval seraient équipés aux frais de l'État qui en outre lui fournirait de bonnes armes.

Il ne serait pas difficile de former comme cela un corps de six à sept cents cavaliers. En admettant que l'on ne trouve pas un nombre suffisant de cavaliers montés, l'Etat devrait fournir aussi les chevaux. J'estime que dans les conditions les plus onéreuses, les dépenses occasionnées par le Makhezen ne dépasseraient pas celles qu'exige ac-

tuellement un nombre égal de spahis avec les cadres français et indigènes.

Le Makhezen, confié aux mains d'un homme actif, appuyé par une colonne mobile, pourvu d'un convoi *préalablement* bien organisé dans tous ses détails, assurerait
immédiatement, j'en suis sûr, la tranquillité de la province
d'Oran. Puis s'élançant à la poursuite non interrompue
des Oulad Sidi Cheikh et des dissidents, pendant que le
Tell serait gardé par d'autres troupes mobiles, il en amè-
nerait promptement la soumission ou la ruine complète.

Résidant à El Abied en temps ordinaire il aurait encore
pour mission de défendre l'accès des montagnes des ksour,
car ces montagnes offrent la seule ligne de défense efficace
que nous ayons à opposer du côté du sud-ouest à une invasion venant du Sahara. Tous ceux que préoccupent sérieusement l'avenir de l'Algérie et les divers dangers auxquels elle est exposée appréhendent une réaction des
peuplades du Sahara contre la marche progressive de notre
colonisation. Que dis-je, une réaction! Ils appréhendent
que les appétits de ces peuplades sauvages avides de butin
ne soient excités par les peintures attrayantes qui leur
sont faites de nos richesses agricoles dont les splendeurs
s'étalent au soleil.

L'anéantissement de la mission Flatters doit nous faire
comprendre que l'esprit des Touareg surexcités par nos
ennemis est tenu en éveil. Ce ne serait point la première
fois que les hommes voilés qui parcourent sans cesse les
mornes solitudes du Sahara se rueraient sur les fertiles
campagnes du nord de l'Afrique. Ces hommes, sous la

dénomination arabe de moultimine (voilés) composaient l'armée des Almoravides qui ont envahi au onzième siècle, le Maroc, l'Algérie et les plaines de l'Andalousie. Je ne dis point qu'une invasion de leur part soit imminente, qu'elle soit facile, mais je dis qu'elle est possible puisqu'elle a eu lieu dans le passé. Qui peut affirmer que les descendants de ces mêmes hommes, obéissant à la voix d'un fanatique, comme l'ont fait jadis leurs grands ancêtres, ne s'élanceront pas de nouveau des rives du haut Niger pour venir donner la main à d'autres hommes, musulmans comme eux qui, cédant aux injonctions d'un autre fanatique, les aideraient à consommer la ruine de nos établissements?

Réfléchissons-y sérieusement. Je suis loin de vouloir entraîner mon pays dans des projets chimériques d'occupation de l'Oued Guîr, de l'Oasis d'Igueli etc.,etc., comme cherchent à le faire des personnes, fort bien intentionnées du reste, effrayées des périls qui venant du Sahara peuvent fondre sur l'Algérie. Mais je soutiens que nous ne devons pas laisser plus longtemps à des mains ennemies, ou seulement étrangères, les montagnes des ksour qui sont dans le sud notre dernière étape, la ligne extrême de nos établissements, celle en deçà de laquelle nous sommes sans sécurité sur les hauts plateaux, au delà de laquelle les sables mouvants des Areg présentent au développement de notre colonie une barrière infranchissable.

Corrélation étroite qui existe entre le sud et le Tell.

Beaucoup de personnes en Algérie ignorent encore la corrélation étroite qui existe entre les populations du Tell et celles du sud. Il est généralement admis qu'il n'y a rien de commun entre les habitants de ces deux régions; que ce qui se passe chez les uns ne regarde pas les autres ; que l'on pourrait au besoin évacuer le sud et se borner à occuper la zone tellienne. On commet en cela une erreur grave qui pourrait un jour nous devenir funeste. Jetons les yeux sur une carte d'Algérie. Nous constaterons que s'il y a dans le sud des Oulad Sidi Cheikh, des Hammian, des Akerma, des Hussassena, des Djaafra, des Laghouat on trouve aussi dans le Tell des Oulad Sidi Cheikh, des Hammian, des Akerma, des Hussassena, des Djaafra, des Laghouat. Cela a lieu surtout dans la province d'Oran. Ceux du Tell sont les frères de ceux du sud. Un fait digne de remarque, c'est que ceux de chaque tribu se sont groupés par fractions et par douars partiels portant les mêmes noms que les fractions et les douars de la tribu mère. Sans doute les intérêts ne sont pas identiques; ils se sont changés par suite des nécessités de la vie sédentaire. Mais l'esprit de solidarité, cet esprit qui, chez les indigènes, pousse les ennemis originaires d'une même tribu à s'unir momentanément pour tirer vengeance d'une injure commune, n'a pas disparu entièrement. Il est facile de démontrer que les descendants de ces individus qui se sont installés dans le Tell depuis une époque déjà reculée y ont conservé les mœurs, les usages, les coutumes de leurs compatriotes du sud et qu'ils entretiennent avec eux des relations plus ou moins suivies. Les Oulad Sidi Cheikh du Tell portent les mêmes vêtements que leurs contribules du désert. Ces vêtements sont blancs. On ne leur voit point porter des burnous noirs ni avoir pour montures, à de très-rares exceptions près, d'autres animaux que des juments blanches.

La corrélation du sud et du Tell étant établie, le mauvais vouloir des esprits dans cette dernière région aussi bien que sa situation excessivement critique au point de vue matériel nous étant connu, nous serions souverainement imprudents de nous engager sérieusement dans le sud avant d'avoir assuré la sécurité de nos colons. Je ne veux point parler des mesures qui consistent à couvrir le Tell pour le préserver des attaques des Sahariens. Ces mesures sont prises aussi bien qu'on peut le faire contre un ennemi habile qui connaissant à fond tous les passages peut pénétrer de tous les côtés. Je veux parler d'autres dispositions qui consisteraient à assurer la sécurité des centres agricoles en plaçant de petites garnisons dans certaines localités ou la colonisation a le plus d'extension et où elle paraît plus exposée par suite du voisinage de tribus encore puissantes par le nombre de leurs guerriers. C'est ainsi que je voudrais voir à Relizane une garnison dont la présence seule en imposerait aux Flittas et leur ôterait toute velléité de renouveler les courses qu'ils

Nouvelle répartition de garnisons.

ont faites en 1864 sur le territoire de colonisation. Je voudrais en voir une à Lamoricière pour préserver ce centre et barrer le passage de la vallée de l'Isser. Je sais bien que des colonnes surveillent le plateau d'El Gor, mais elles peuvent être tournées plus facilement qu'on ne paraît le croire. L'ennemi sachant qu'il y a des baïonnettes à Lamoricière ne tenterait pas de passer. Mêmes précautions à l'égard d'Aïn Temouchent, surtout à l'égard du Tessala et de Ben Youb dans les passages de Sidi Bel-Abbès. Ces deux dernières localités dont la première brûlée et pillée en 1864 et la seconde fortement menacée à la même époque sont les points de mire de Kaddour Ben Hamza qui cherchera à les envahir par la vallée de la Mekerra pour projeter la panique jusque sous les murs d'Oran en allumant ses feux sur le mont Tessala. La probabilité d'une incursion par la vallée de la Mekerra est tellement reconnue par les indigènes de la contrée que c'est à elle qu'il faut attribuer les paniques qui se sont manifestées récemment sur ces points où l'on a vu presque tous les colons abandonner subitement leurs demeures et accourir éperdues se réfugier dans la place de Sidi Bel-Abbès. Je borne là l'énumération des lieux que je voudrais voir occuper par des troupes. Il y en a d'autres assurément, mais ceux que je viens de citer sont à mon sens les plus immédiatement menacés et suffirent à expliquer toute ma pensée sur ce sujet. Ces dispositions seraient d'un effet très-salutaire et ôterait à ceux qui pourraient l'avoir l'envie de commettre des méfaits.

En vérité je ne puis m'empêcher de frissonner quand je vois ne rechercher l'ennemi que dans le sud ! Mais d'un

Les indigènes sont les moutons de Panurge. Là où un a sauté tous veulent sauter.

moment à l'autre il peut être partout. Quiconque connaît
à fond les indigènes sait que l'esprit d'imitation est un des
traits distinctifs de leur caractère. Ce sont de vrais moutons de Panurge, là où un saute, tous veulent sauter. Un
proverbe fort juste qui est connu de tous dit : « Les Arabes
ont leur raison dans leurs oreilles. » C'est-à-dire qu'ils
obéissent sans aucune réflexion, comme des fous, à l'impression du moment. Ce que l'un fait, tous veulent le faire.
Un assassinat se commet-il quelque part, aussitôt nous
apprenons que sur divers points des assassinats sont commis. Une tribu s'insurge-t-elle, toutes celles de la région
suivent son exemple ; fait-elle sa soumission, c'est alors
parmi les autres une course au clocher à qui arrivera la
première solliciter l'Aman. Un bandit surgit-il dans une
contrée, bientôt on apprend qu'il y a des bandits partout.
Un incendie se déclare-t-il dans une forêt isolée, aussitôt
toutes les forêts sont en feu. C'est ainsi que nous avons vu
il y a quelques années les flammes dévorer nos richesses
forestières des frontières de la Tunisie aux confins du
Maroc. C'est l'incurie, c'est la malveillance, ce sont des
accidents, s'écrie-t-on bien haut ! — C'est l'esprit d'imitation, dis-je tout bas. Ce funeste esprit d'imitation par
l'assassinat, le vol, le pillage, l'incendie, se propageant
rapidement de proche en proche peut en quarante-huit
heures détruire nos centres agricoles de Marnia à Lacalle,
de Tebessa à Sebdou avant que nous ayons eu le temps de
nous retourner, avant que nos braves soldats aient pu se
rallier pour fondre sur les coupables. Voilà le mal terrible
qui nous menace et auquel il est urgent, très-urgent, de

parer. Les colonnes volantes circulant dans le pays produisent certainement un effet salutaire mais cet effet disparaît en même temps que disparaissent les bayonnettes. Tandis que la présence permanente de quelques compagnies, de quelques escadrons, sur un point central de colonisation en impose davantage aux perturbateurs, aux malintentionnés qui pressentent un châtiment immédiat.

Les grandes proportions que prend chaque jour la colonisation, l'éparpillement des colons européens sur toute la surface de l'Algérie réclament impérieusement une nouvelle répartition de nos forces militaires. Les uns veulent maintenir toute l'armée sur le littoral et dans les grandes villes, les autres veulent un mouvement général qui la porte plus au sud. Ces deux combinaisons me paraissent aussi extrêmes l'une que l'autre. On ne déplace pas aussi facilement le siège d'une division que certains paraissent le croire. S'il ne s'agissait que de la personne du général de division, cela serait vite fait. Mais auprès du général commandant la division se trouvent les chefs de service de l'artillerie, du génie, de l'intendance, du train des équipages, lesquels doivent avoir sous la main l'arsenal, l'atelier de construction, les magasins de campement, les parcs, etc., etc., et l'on ne trouve pas partout, tant s'en faut, des locaux assez vastes pour contenir tout cela. Une troisième combinaison me paraît plus rationnelle et d'une application plus aisée. Elle consiste à diminuer l'effectif des garnisons des villes où la population indigène n'est pas dense et à répartir les troupes devenues ainsi disponibles sur les points centraux de nos établissements agricoles. En admet-

tant même que nous fussions obligés d'augmenter le
nombre de notre armée d'Afrique, où serait le mal?
N'avons-nous pas augmenté le nombre de tous nos régiments de France ? Est-ce que l'Algérie ne fait pas partie de
la France et n'est pas exposée encore à des dangers, sinon
plus grands, du moins plus immédiats que la mère-patrie ?
Dès lors pourquoi ne pas la faire participer aux bénéfices
de l'augmentation générale? Les Turcs se maintenaient en
Algérie avec une armée qui ne dépassait guère douze mille
hommes, mais ils ne la colonisaient pas ; ils n'avaient pas,
étendues au ciel, les richesses de toutes sortes que nous y
avons. Ils s'appuyaient en outre sur des Makhezen bien
organisés à l'aide desquels ils élevaient leursforces générales
au chiffre de vingt-cinq à trente mille hommes. Ils trouvaient encore un appoint appréciable chez les Koulouglis, —
enfants issus des mariages des Turcs avec les femmes indigènes, — très-nombreux dans les villes où ils tenaient garnison.

Nous autres, nous sommes dans la période de transfor-
mation qui présente le plus de périls. Nos colons encore
peu nombreux, — eu égard au chiffre de la population
indigène, — et très-éparpillés, ne se sentant pas les coudes,
s'effraient facilement, ce dont je ne les blâme point.
Loin de constituer un appoint pour la défense commune, ils en augmentent les difficultés. Au fur et
à mesure que le peuplement s'effectuera, cette situation périlleuse s'améliorera. Nos villageois compactes, bien
armés, auront plus de confiance dans leur force. Ils pourront imposer la tranquillité à leurs remuants voisins. En

attendant ils sont exposés aux vols, aux assassinats, au pillage et aux incendies. Pense-t-on que d'Oran à Tlemcen, sur un parcours de 139 kilomètres, parsemé de villages et de fermes, il n'y a aucune force armée? Aussi que se passe-t-il? c'est qu'à Aïn Temouchent situé à peu près à égale distance d'Oran et de Tlemcen, à Aïn Temouchent, voisin de douars d'Oulad Sidi Cheikh, les bruits d'insurrection circulent avec plus de persistance qu'ailleurs. Pense-t-on que d'Oran à Orléansville, sur la ligne du chemin de fer, bordée de belles fermes, de beaux villages, d'une ville, — Relizane, — de riches plantations, toutes choses propres à exciter la cupidité des pillards, un parcours de 213 kilomètres est complétement dégarni de troupe? Aussi que voyons-nous? c'est que Perrégaux et Relizane, points intermédiaires, sont infestés par les brigands. A Perrégaux, c'était un Bouziane qui coupait les routes ; à Relizane, les voleurs s'acharnaient tellement après les marchandises déposées à la gare que l'autorité militaire a dû y envoyer un détachement de zouaves. De Sidi Bel-Abbès à Daya il y a 80 kilomètres de villages et de fermes sans protection, — les colons de Ben-Youb et des environs, pris de panique, viennent se réfugier sous le canon de Bel-Abbès. D'Orléansville à Miliana, il y a un parcours de 118 kilomètres, — l'oued Fadda, Duperré, sont les lieux qui servent de théâtre aux exploits des bandits.

Je disais ci-devant que le funeste esprit d'imitation des indigènes pouvait détruire nos établissements dans quarante-huit heures. Dieu fasse que je me trompe ! Si le malheur que je redoute se produisait sur quelques points isolés, je ne doute pas qu'ensuite le châtiment infligé aux coupables ne soit terrible. Mais quel bénéfice en retirerions-nous? Les milliers de têtes de ces misérables ne sauraient compenser les milliers de victimes dont nous aurions à déplorer la perte. D'ailleurs tous ne seraient pas coupables au même degré. Je crois fermement que la minorité seule se livrerait à ces actes sauvages que la majorité réprouverait. Mais en l'état actuel, la société indigène tout entière, — au sein de laquelle nous ne pouvons entretenir ni gendarmes, ni commissaires, ni agents de police pour protéger l'honnête, le faible, contre les attaques du scélérat, de l'hercule, — est à la merci des brigands, des exaltés, des fanatiques qui sont capables d'accomplir les plus épouvantables forfaits sous le prétexte mensonger de venger l'islamisme outragé. Ce que je dis là va surprendre. Je n'exagère cependant rien. Dans nos villes où il y a des agents de police, des gendarmes, des soldats, des magistrats, des fonctionnaires pour protéger les citoyens, où tout le monde s'empresse de prêter main forte quand il s'agit d'arrêter des criminels, nous avons toutes les peines du monde à les saisir et nous nous plaignons de manquer de sécurité. Que doit-il se passer, je le demande, au milieu de ces populations à demi barbares qui, en dehors de nos postes sont livrées à elles-mêmes, où les malfaiteurs pullulent à l'envi? Certainement quand un crime est commis les autorités judiciaires et administratives sont informées, mais après.... Quand un malheur survient à un colon, ces autorités sont aussi informées.... après...!

Il est donc urgent de prendre des mesures capables de prévenir tout désastre. La première de ces mesures, celle qui aura le plus d'efficacité, consiste à opérer, conformément à ce que je viens d'indiquer, une nouvelle répartition de notre force armée.

Emploi des ordres religieux.

Il a été dit plus haut que notre action militaire ne serait fructueuse que si elle marchait de front avec l'adoption de mesures politiques et administratives d'ordre intérieur.

Le meilleur moyen à mes yeux de ramener le calme dans le sud d'une manière durable eût été de trouver un joint qui nous eût permis une réconciliation honorable avec les Oulad Sidi Cheikh, car il peut devenir funeste pour la France d'avoir, à un moment critique, cette famille puissante suspendue sur sa tête comme une épée de Damoclès. C'était l'avis du docteur Warnier, le rapporteur de la loi sur la propriété indigène.

Seuls les Oulad Sidi Cheikh peuvent nous faciliter l'accès de ce Sahara vers lequel nous cherchons à nous élancer pour nous frayer, à travers les peuples sauvages qui l'habitent, un passage reliant nos établissements de l'Algérie à ceux du Sénégal. On dirait que la nature les a placés aux portes du désert pour nous aider sinon à le conquérir du moins à le franchir.

« Tendre une main amie aux Oulad Sidi Cheikh
« dissidents. » Telle était la solution proposée par le docteur Warnier. Je reconnais qu'après le massacre de la mission Flatters et ce qui se passe aujourd'hui elle est inop-
portune. J'y renonce le cœur profondément navré, parce
que selon les pressentiments pessimistes qui m'assiègent,
c'eût été la solution la plus conforme aux véritables intérêts de mon pays. En voyant l'attitude réservée de Kaddour Ben Hamza et des siens, je ne puis m'empêcher d'es-
pérer qu'un sentiment heureux nous permettra de
reconnaître que ses mains ne se sont point rougies du sang
de Flatters, et que nous pouvons accueillir honorablement
les propositions de son frère Ed-Din ou celles du jeune
Hamza fils de Bou-Beker.

En attendant que cet incident se présente fortuitement
ou autrement, je vais préciser les moyens qu'ils emploient
contre nous, les lieux où ils se réfugient; cela permettra
de déterminer les dispositions politiques que nous devons
prendre à leur égard.

Moyens em
ployés par
les Oulad Si-
di Cheikh
pour nous
combattre.

La guerre qu'ils nous font depuis 1864 est une guerre
sans trêve ni merci. Ils nous combattent de deux façons :
au moyen de leurs armes et au moyen du pouvoir religieux
dont ils sont investis. Ils nous font sentir l'action de leurs
armes par des surprises incessantes, par les assassinats
qu'ils font commettre par leurs serviteurs religieux. Se
croient-ils en force, ils ont l'audace d'attaquer nos colonnes et ils leur font subir parfois des pertes auxquelles
on ne s'attendait pas et dont le retentissement exagéré
jette un trouble profond dans toute la colonie. Se sentent-

10

ils trop faibles pour affronter nos attaques, ils s'empressent de disparaître dans les profondeurs du Sahara où ils trouvent des refuges inaccessibles à nos soldats. Les vallées de l'oued Zouzefana, de l'oued Namous, de l'oued El Benoud, de l'oued Soggueur, de l'oued Zergoun, les oasis du Gourara même sont pour eux autant d'asiles assurés. Mais aussitôt qu'ils cessent de nous faire face les armes à la main, la guerre occulte n'en continue pas moins, plus acharnée encore, au moyen de milliers d'émissaires qu'ils envoient de toutes parts réveiller le fanatisme musulman, par les fausses nouvelles qu'ils adressent à leurs frères du Tell, que ceux-ci répandent autour d'eux, par leurs nègres que nous avons eu jusqu'ici l'imprudence de laisser circuler librement, enfin par les éternelles intrigues de ceux de leurs serviteurs religieux qui vivent sous notre domination.

On reconnaît bien là la manière de combattre des peuples de l'Arabie : « El Karr ou El Farr, la charge et la fuite *simulée* ». C'est en combattant comme cela qu'ils ont conquis une grande partie de l'univers. Nous autres, peuples chrétiens, nous sommes toujours dupes de la fuite de nos adversaires. Ils nous semble que lorsqu'ils ont fui ils ne sont plus à craindre. Nous nous endormons dans une douce quiétude alors qu'eux travaillent à notre perte d'une façon moins patente mais tout aussi périlleuse pour nous. C'est ainsi que nous avons eu grand tort jusqu'ici de n'avoir point accordé à la guerre des Oulad Sidi Cheikh toute l'importance qu'elle méritait. Aussitôt que nous ne nous trouvons plus en contact immédiat avec leurs armes, nous la croyons terminée. Et, en définitive, elle dure depuis plus de dix-sept ans !

A la famille religieuse, opposons les sectes religieuses qui lui sont rivales. Dans ce cas se trouve l'ordre des Tedjini.

Monsieur de Neveu dans son intéressant ouvrage sur les ordres religieux rapporte que le général de la Rive, chargé en 1836 d'une mission auprès de l'empereur du Maroc, était à Meknès et s'entretenait avec un des hauts dignitaires de l'empire ; il lui parlait de la grandeur de la France, de ses ressources en hommes et en chevaux, en canons, etc., etc. Un taleb de l'empereur, présent à cet entretien, et qui avait écouté avec attention le plénipotentiaire français, répondit :

Ordre des
Tedjini.

« Vous feriez bien plus sur les Arabes avec des médecins « et des marabouts qu'avec des canons et des fusils. »

Je crois que dans la question qui nous occupe l'intervention en notre faveur des Tedjini serait de nature à nous épargner bien des peines et bien du sang, tant en Tunisie qu'en Algérie. Ils jouissent d'une très-grande influence dans la Tunisie, dans tout le Sahara ; des princes de l'Afrique centrale sont leurs serviteurs religieux. On a fait courir sur les Tedjini des bruits qui les représentent comme nous étant devenus hostiles. J'en suis fort étonné car cette conduite serait contraire à leurs intérêts et aux preuves d'amitié qu'ils nous ont données dans le passé. A l'époque de notre première apparition à Biskra et dans les oasis des Ziban, les nomades du désert allèrent trouver le chef de l'ordre, Sidi El Hadj Ali qui résidait alors à Temacine, pour lui annoncer l'arrivée des Français et lui demander quelle conduite ils doivent tenir à notre égard : « Devaient-ils prendre les armes ou rester spectateurs paisibles de la prise de possession des diverses villes des Ziban ? » Sidi El Hadj Ali leur répondit : « C'est Dieu qui a donné l'Algérie aux Français, et tous les Outhan qui en dépendent ; c'est lui qui protége leur domination. Restez donc en paix et ne faites pas parler la poudre contre eux (1). »

La réponse de Sidi El Hadj Ali, favorable à notre cause, me prouve que l'ordre avait un intérêt à s'appuyer sur nous. En effet, les Tedjini, attaqués par les Turcs non-seulement leur avaient résisté mais ils étaient venus leur livrer bataille jusque sous les murs de Mascara. Ils furent défaits. La tête de Si Ahmed Tedjini fut apportée et déposée aux pieds du bey Hassan qui la paya cinq cents pièces d'or. Plus tard l'émir Abd–el–Kader voulut aussi s'emparer d'eux mais il n'y réussit point. Il n'y a donc rien d'étonnant à ce que ces personnages traqués par nos prédécesseurs aient un grand intérêt à nous être sympathiques. Depuis la révolte des Oulad Sidi Cheikh ils nous ont prouvé qu'ils ne font pas cause commune avec eux. C'est un Tedjini qui a guidé le général Deligny en 1866 et lui a facilité les moyens d'atteindre à Garat Sidi Cheikh les dissidents campés avec Mohammed Ben Hamza. Celui-ci reçut dans le combat qui s'ensuivit une blessure dont il mourut peu de temps après malgré les soins qui lui furent prodigués à Figuig et dans l'intérieur du Maroc.

1. Consultez *les Khouan*, par M. de Neveu, deuxième édition, pages 140 et 141.

Je sais que partout les disciples des Tedjini sont les adversaires de ceux des Oulad Sidi Cheikh. Dans les ksour il surgit journellement entre eux des querelles qui se terminent souvent par des rixes sanglantes. Les ksour, ainsi que presque toutes les tribus du sud, sont divisés en partisans des Oulad Sidi Cheikh, partisans des Tedjini, partisans des Oulad Sidi Ahmed Ben Youcef, de Moulay Taïeb et de Sidi Mehammed Ben Bouziane. Les deux premiers groupes se détestent et se combattent. Ce sont là les données sur lesquelles je m'appuie pour préconiser une entente intime avec les Tedjini qui seuls en Algérie sont à même de nous éclairer sur les moyens les plus efficaces à employer pour détruire nos ennemis.

Nouons des relations avec El Hadj Abd-es-Selam, chef actuel de l'ordre de Moulay Taïeb. Cet ordre est puissant. C'est celui qui est le plus répandu dans l'ouest de l'Algérie et dans le Maroc. Sa puissance est telle que son chef a toujours été le premier personnage de l'empire après l'empereur. Quand un nouveau souverain succède à son prédécesseur, il n'est assuré de la paisible possession du trône que quand il a été salué par le chef de l'ordre et qu'il en a reçu publiquement le serment de fidélité. Dès qu'une tribu s'insurge elle fait aussitôt circuler le bruit que le chef de l'ordre a déposé l'empereur. Aussi lorsque le souverain marche contre les révoltés, il a toujours le soin de se faire accompagner par le chef de l'ordre ou par un membre connu de sa famille. Le premier article des statuts de l'ordre dispose qu'il est interdit au chef ou khalifa d'exercer le pouvoir suprême, c'est-à-dire de se faire

Ordre de Moulay-Taïeb.

proclamer sultan. La devise de la famille d'El Hadj Abd-es-Selam est très-orgueilleuse :

« Personne de nous n'aura l'empire, mais personne ne l'aura sans nous ! » Ne croirait-on pas entendre : « Roi ne puis, prince ne daigne, Rohan je suis ! » Faisons nos efforts, agissons à Tanger, pour que El Hadj Abd-es-Selam, intéressé à faire disparaître une secte rivale de la sienne, nous seconde par son appui moral. Ses serviteurs étant très-nombreux en Algérie, il a intérêt à nous être agréable.

Les Oulad Sidi Ahmed Ben Youcef. Servons-nous aussi des Oulad Sidi Ahmed Ben Youcef qui prétendent descendre du marabout célèbre dont la dépouille mortelle, objet de la vénération publique en Algérie et dans le Sahara repose à Miliana. Nombreux dans le Tell, dans les Ksour et dans le désert, ils ne nous ont jamais fait d'opposition, au contraire; ils nous servent fidèlement. Ils possèdent partout beaucoup d'immeubles. L'un d'eux, nommé Mohammed Ould Si Mohammed Bel Miloud qui habitait Tiyout, nous servait avec beaucoup de zèle et de dévouement. Il a été assassiné cette année à l'instigation des Oulad Sidi Cheikh, par des gens d'un douar : les Chorfa, qui ont embrassé la cause de Bou Amama. Il y a là une rancune naturelle dont nous serions bien maladroits de ne pas savoir tirer parti. Les parents de la victime doivent chercher à la venger, leur concours peut nous être précieux.

Les Kenadsa. Employons les Kenadsa chefs de l'ordre de Sidi Mehammed Ben Bouziane. Eux aussi ont intérêt à ce que nous leur facilitions la tranquille perception des offrandes des nombreux adeptes qu'ils ont chez nous. Je les crois au fond très–mal disposés à l'égard des Oulad Sidi Cheikh qui ne manquent aucune occasion d'être grossiers envers eux ni de les piller quand ils le peuvent. Lors de notre passage, en 1870, à Bou-Kaïs, petit ksar situé à mi-chemin entre Aïn Chair et les Kenadsa, Si Slimane Ben Kaddour qui marchait avec nous, s'empara d'une belle mule et d'un superbe baudet appartenant au chef de l'ordre, Sidi Mohammed Ben Abd-Allah. Si Slimane Ben Kaddour fut invité par le général de Wimpffen à rendre les animaux à leur propriétaire, mais il n'en fit rien. Je vois encore le malheureux domestique du chef implorer en vain l'avide ravisseur. Je vois de même Sidi Mohammed Ben Abd-Allah réclamer sa mule et son baudet à Si Slimane Ben Kaddour pendant que nous étions campés au ksar des Kenadsa. Celui-ci ne répondit à sa juste réclamation que par des grossièretés, et lorsque je lui fis remarquer qu'il avait tort de maltraiter un marabout, que cela lui pourrait porter malheur, il se contenta de hausser les épaules en me répondant: « Je suis marabout comme lui, et de plus, je suis guerrier ; je me moque bien de ses malédictions ! »

Nous devons utiliser contre les Oulad Sidi Cheikh les rancunes, les jalousies secrètes, les défiances dont ils sont l'objet de la part des autres sectes religieuses. Eh quoi ! nous saurions nous servir des indigènes partout, dans toutes les circonstances, de toutes les façons, et nous négligerions de nous assurer le concours de ceux qui sont affiliés aux ordres religieux ! Ce ne serait pas seulement de notre part une maladresse insigne, ce serait faire preuve d'incapacité politique !

On a vu que certaines tribus renferment un grand

nombre de serviteurs des Oulad Sidi Cheikh qui donnent annuellement une brebis, un agneau à la zaouïa de Sidi El Hadj Bahout ; que d'autres tribus se composent exclusivement de leurs serviteurs qui paient les mêmes redevances.

Les nègres, ai-je dit, viennent périodiquement dans lesdites tribus recueillir ces offrandes. Un fait est à remarquer, c'est qu'une foule d'individus donnent alors même qu'ils ne sont point serviteurs de l'ordre de Sidi Cheikh. J'ai l'intime conviction que ces dons sont convertis en argent et que cet argent sert à alimenter la guerre qui nous est faite, En conséquence il y a lieu de défendre de la façon la plus absolue à nos populations fidèles de donner quoi que ce soit aux zaouïa précitées et de défendre d'une manière non moins absolue aux nègres de circuler dans les tribus pour y collecter les offrandes d'usage.

Il y a lieu de confisquer, — c'est à dessein que je ne dis pas séquestrer, — les propriétés immobilières que les Oulad Sidi Cheikh possèdent dans les ksour ou ailleurs.

Confisquer également tous les biens mobiliers ou immobiliers que les dissidents autres que les Oulad Sidi Cheikh possèdent dans les ksour ou ailleurs. Si les Hammian Djemba dissimulent autant qu'ils le peuvent l'appui prêté par eux à Bou Amama, c'est qu'ils ont peur de perdre les superbes palmiers et les beaux vergers qu'ils ont dans les ksour. Les biens immobiliers ont dans le désert une valeur relative à laquelle les propriétaires nomades tiennent autant que les propriétaires à demeures fixes tiennent à leurs immeubles du Tell.

Cette mesure prise sans retard et publiée avec un certain éclat en langue arabe dans le Mobacher servirait d'a-
vertissement à ceux qui dans le Tell seraient tentés de
suivre l'exemple des insurgés.

Rendre les Oulad Sidi Cheikh du Tell, — partout où ils
se trouvent, — responsables des actes de ceux du sud. Je
sais qu'il y en a dont l'installation dans le Tell remonte à
près d'un siècle, je n'ignore pas que nombre d'entre eux
sont propriétaires légitimes des terres sur lesquelles ils
vivent. Mais je sais aussi, avec tous ceux qui comme moi
ont étudié leur histoire, qu'ils sont en relations constantes et non interrompues avec leurs frères du sud; que
venus dans le Tell pour y propager les doctrines de l'ordre
fondé par leur grand aïeul, ils s'y considèrent comme des
missionnaires dont la patrie est au désert; qu'ils tirent
vanité des prétendus succès remportés contre nous tantôt
par Kaddour Ben Hamza, tantôt par Si El Ala, tantôt par
Bou-Amama. Je suis convaincu qu'ils les tiennent au courant de tout ce qui se passe et se dit dans nos villes; qu'ils
exercent autour d'eux, parmi les populations qui les environnent, une action hostile à notre domination. Ce ne
serait pas la première fois qu'en agissant ainsi nous aurions rendu les indigènes que nous avons sous la main
responsables des attaques injustes, des rébellions de leurs
contribules. Nous avons employé ce système à l'égard des
Kabyles qui venaient chez nous à l'époque où toute la Ka-
bylie n'était pas encore soumise et à l'égard des Mozabites
qui faisaient le commerce dans nos villes.

Il faudrait prévenir les Oulad Sidi Cheikh du Tell qu'à

la première incursion tentée par un des leurs, ils seraient
transportés avec leurs familles aux îles Sainte-Marguerite,
leurs biens mobiliers vendus, leurs biens immobiliers sé-
questrés. Montrons-leur que nous sommes fatigués de ré-
chauffer dans notre sein des vipères qui nous déchirent,
des traîtres qui se réjouissent des malheurs de nos colons.
Cette menace produirait immédiatement un effet salutaire,
chaque fraction du Tell s'empressant d'expédier des émissaires à ses frères du sud pour les supplier de ne point les
compromettre.

Disjonction des pouvoirs administratifs et des pouvoirs politiques.

Ne perdons jamais de vue que pour que nos efforts dans ce
pays soient couronnés de succès, nous ne devons pas nous
borner à administrer les indigènes, à réprimer leurs
écarts, mais que nous devons aussi les diriger vers le
progrès et la civilisation. La conquête, en nous les livrant
ignorants et fanatiques, les a placés vis-à-vis de nous,
peuple tolérant et instruit, dans un état d'infériorité morale analogue à celui du mineur vis-à-vis de son tuteur.
Il appartient au tuteur d'avoir de la sollicitude pour son
pupille, d'étudier ses penchants, de le conseiller, de lui
enseigner la voie à suivre pour parvenir sûrement au bien,
de veiller sur ses actes de manière à l'empêcher, *en temps
utile*, de commettre des fautes assez graves pour lui attirer

les châtiments de la loi. Cette mission est assez importante pour ne point être confondue avec celle qui est du
ressort strict de l'administration proprement dite. En un
mot, abstraction faite des questions ne relevant que du
domaine de la loi, la force des choses nous appelle à dominer les indigènes par des moyens politiques et par des
moyens administratifs. Ces moyens diffèrent essentiellement les uns des autres ; une si grande distance les sépare
qu'ils ne sauraient être confondus ni confiés aux mêmes
mains.

Les aptitudes qui doivent être l'apanage des hommes
dont la mission est de faire de la politique ne sont pas du
tout de même nature que celles que doivent posséder les
hommes chargés de faire de l'administration. On dirait
même que celles des uns sont tout l'opposé de celles des
autres.

Les premiers doivent mener une vie essentiellement
active. Ils doivent être doués d'une grande perspicacité,
d'un caractère à la fois énergique et bienveillant, d'une
ténacité n'excluant nullement une certaine souplesse d'esprit et de manières. Ils doivent posséder la connaissance
de la langue des indigènes, de leur histoire, de leur religion, de leurs lois, de leurs traditions, de leurs coutumes.
Cela leur permet de ne point les froisser dans ce qu'ils ont
de plus cher. Ils doivent connaître à fond l'origine et la
valeur des hommes du pays afin de les traiter chacun
d'après le rang qu'il occupe dans la société arabe. Con-
tamment en éveil sur tout ce qui se passe à l'intérieur et
au delà des frontières, leur conduite, nullement tracée par

Aptitudes des
fonctionnai-
res politi-
ques.

des lois et des règlements, n'est inspirée que par les événements contemporains, et il faut qu'ils aient assez de sagacité pour les apprécier à leur juste valeur, sans les exagérer ni les atténuer.

Aptitudes des fonctionnaires administratifs.

Les seconds doivent mener une vie essentiellement sédentaire. Tout le temps passé par eux en dehors de leurs bureaux est pris au détriment de leur besogne courante. Aussi il faut voir la physionomie de ces malheureux quand, rentrant de tournée, ils voient les correspondances, les dossiers amoncelés sur leurs tables de travail ; quand ils constatent avec effroi que leurs adjoints n'ont pu suffire à la tâche ou n'ont pas su, pendant l'absence du chef, expédier les affaires journalières. Je ne parle pas ici des cas très-nombreux où les administrateurs partis en tournée pour traiter sur les lieux des questions importantes concernant la sécurité publique, la surveillance des zaouïa, ayant trait à des conflits sur le point d'éclater entre tribus rivales, etc., etc, sont contraints de rentrer inopinément au siège de leur résidence, sans avoir rien fait, pour établir des rapports qu'on leur demande d'urgence sur la colonisation ou sur d'autres objets du ressort exclusif de l'administration. Certaines questions entamées de cette facon et interrompues brusquement pour des raisons analogues à celles que je viens de dire attendent depuis des années des solutions qui sont encore à venir. Ici le mot administrateur s'applique aussi bien aux militaires qu'aux civils.

Les hommes chargés de l'administration prennent forcément, à la longue, un caractère et des manières brusques.

Il ne saurait en être autrement avec les indigènes qui les
assiègent sans cesse avec une opiniâtreté dont les personnes étrangères à l'administration ne peuvent se faire
l'idée. Je n'exagère rien en disant que pour des affaires les
plus insignifiantes dont les solutions sont nettement indiquées par des lois, des règlements, des instructions que
nul ne peut enfreindre, on voit des indigènes obséder les
administrateurs pendant des années entières dans le but de
les faire revenir sur des décisions rendues depuis longtemps. Il n'y a donc pas lieu de s'étonner si dans de pareilles conditions les administrateurs contractent l'habitude d'avoir des manières brusques sans lesquelles ils ne se
débarrasseraient jamais des obsessions auxquelles ils sont
constamment exposés. Malheureusement les brusqueries,
très-excusables en matières administratives, deviennent
fatales la plupart du temps en matières politiques.

Intelligents, froids, rigides, ces hommes ne doivent
avoir pour guides que les règles inflexibles d'une législation compliquée. Ils n'ont pas à s'occuper de l'histoire du
pays ni à rechercher la valeur des hommes, le rang qu'ils
tiennent dans la société, leur devoir consiste à les traiter
tous sur le même pied, à n'en favoriser aucun au préju-
dice de l'autre. Ils apprécient avant tout la valeur des
chiffres et la portée des règlements qu'ils sont appelés à
appliquer journellement. Ils doivent posséder surtout la
connaissance des lois françaises, des décrets et arrêtés qui
régissent l'Algérie depuis la conquête. Ils n'ont rien à voir
de ce qui se passe au-delà des frontières parce que les
événements quels qu'ils soient qui s'y produisent ne sau—

raient exercer une influence quelconque sur les décisions
qu'ils doivent prendre ou provoquer, ni sur la rédaction
des nombreux documents périodiques qu'ils doivent
fournir à leurs chefs hiérarchiques.

Les aptitudes, les attributions des hommes politiques
sont tellement opposées aux aptitudes, aux attributions des
administrateurs que quand les premiers font de l'administration, ils la font très-mauvaise, et que, quand les seconds font de la politique, ils la font exécrable. On reconnaîtra sans qu'il soit nécessaire d'y insister combien
doivent être rares les hommes capables de réunir des qualités si opposées, si diverses, des connaissances si étendues,
si complexes; combien est grande l'erreur que l'on commet en croyant trouver ces hommes partout en aussi
grand nombre qu'on le désire; et combien plus grande
encore est la confusion dans laquelle on jette les affaires
les plus graves, les plus importantes du pays en les confiant indistinctement aux mêmes mains.

Grand tort du gouvernement militaire.
Le grand tort du gouvernement militaire a été précisément de n'avoir pas, — quand la nécessité s'en est fait
sentir, — séparé les attributions politiques et de commandement des attributions purement administratives. En
commettant cette lourde faute, il a provoqué sa propre
chute et il a été l'instrument inconscient des misères de ses
administrés indigènes.

Décadence des bureaux arabes
Les bureaux arabes, tenant tout, voulant tout faire et ne
le pouvant pas, absorbés qu'ils étaient par la confection
des milliers de documents de toute nature qu'on leur de-
mandait touchant la colonisation, le cantonnement d'abord,

l'exécution du sénatus-consulte ensuite, l'administration
intérieure des tribus, les impôts, la statistique, la géographie et la topographie du pays, les budgets des centimes
additionnels, l'organisation des communes mixtes et sub-
divisionnaires, etc., etc., les bureaux arabes, dis-je faisaient un peu de tout sans rien parachever. Les chefs de
bureau enfermés dans leurs cabinets, écrasés par les pape-
rasses, par la correspondance journalière et par la centra-
lisation des travaux, disparaissaient derrière des piles de
dossiers, de cartes, de plans et de longs rapports. Il est
résulté de cet état de choses que à part les études du cantonnement, à part l'application du sénatus-consulte du
22 avril 1863 à laquelle le chef de l'État s'intéressait particulièrement, à part les créations de centres européens
qui ont toujours fait, quoi que l'on en ait dit, l'objet le
plus spécial des préoccupations des gouverneurs généraux,
toutes les branches ont été négligées. Les bureaux arabes
sont entrés en pleine décadence. Organisés dès le principe
pour exercer une action toute militaire dont la politique et
le commandement formaient la base fondamentale et essentielle, ils n'ont plus répondu à cet objet, et ont été au-
dessous de leur tâche, le jour où ils ont été surchargés par
les attributions multiples et arides d'une administration
paperassière. Les honorables officiers qui en faisaient partie, s'appliquant à devenir de bons administrateurs, ont
négligé les principes de la grande et saine politique ensei-
gnée par les Bugeaud, les Cavaignac, les Bedeau, les
Walsin Esterhazy. Ils ont agi politiquement quand ils auraient dû agir administrativement et administrativement

quand ils auraient dû agir politiquement. Les indigènes ne les ont plus compris. Ces officiers n'ont plus su discerner les influences réelles qu'ils devaient respecter, dans l'intérêt de la France, des influences factices qu'ils pouvaient briser sans inconvénients. Ils ont frappé à faux ; l'insurrection a éclaté et s'est maintenue jusqu'à ce jour, tantôt à l'état latent, tantôt à l'état patent, avec les alternatives que l'on sait.

Administration civile actuelle suit les errements des bureaux arabes.

Eh bien ! l'administration civile telle qu'elle fonctionne actuellement suit absolument les errements des bureaux arabes, avec cette circonstance très-aggravante que ceux-ci faisant usage de leur ascendant militaire, agissant dans des régions non encore soumises au droit commun, pouvaient se débarrasser sur-le-champ, par un seul mot, d'une foule de questions sans importance au fond que les officiers considéraient à bon droit comme étant exclusivement du ressort de la discipline. Les intérêts généraux n'en souffraient point pour cela, au contraire. Tandis que les fonctionnaires civils actuels, malgré les pouvoirs disciplinaires dont ils sont armés, ne peuvent en trancher aucune parce que, en territoire de droit commun, elles ont toutes un côté qui les place sous l'action de la loi, des décrets ou des instructions.

Partition des fonctionnaires en deux sections distinctes.

Si l'on ne veut pas que les fonctionnaires civils, héritant des bureaux arabes héritent aussi du vice naturel dont ceux-ci étaient entachés, vice qui les conduirait infailliblement et sous peu à l'impuissance, si ce n'est déjà fait, puis finalement au suicide, il faut se hâter de les répartir en deux sections qui prendraient les dénominations suivantes :

Section administrative,

Section politique.

Il faut en outre créer des emplois d'inspecteurs généraux relevant immédiatement du gouverneur général ou du ministre, selon le cas.

Les fonctionnaires dits administratifs auraient dans leurs attributions tout ce qui de près ou de loin se rattache à l'administration proprement dite.

Les fonctionnaires dits politiques qui seraient officiers de police judiciaire auraient dans leurs attributions :

1° De concert avec la justice, la constatation des crimes et délits commis par les indigènes et la recherche des coupables ;

2° La police des routes et des marchés ;

3° La surveillance rigoureuse de tous les individus employés par les chefs indigènes, par les colons à titre d'associés, de krammès, de bergers, de journaliers. Cette surveillance s'exercerait aussi bien dans les communes de plein exercice que dans les communes mixtes. — Les employés de cette catégorie se sentant protégés par leurs associés ou par leurs maîtres échappent à toute surveillance efficace et profitent de leurs positions pour commettre ou faire commettre une foule de méfaits ;

4° La surveillance de toutes ces agglomérations d'indigènes qui vivent près des remparts des villes algériennes dans des villages ou des bourgs connus tantôt sous le nom de Medina Djedida, tantôt sous celui de Medinat-el-Abid, autrement dits ville neuve, village nègre ;

5° La surveillance des ordres religieux, des zaouïa et

des individus faisant partie de ces ordres ou fréquentant les zaouïa;

6° La surveillance toute spéciale des frontières et la connaissance des faits délictueux ou autres dont se rendent coupables les tribus qui les touchent;

7° La réunion des documents concernant la politique générale du pays;

8° Le personnel des fonctionnaires indigènes, tels que les présidents des douars-communes, les membres des djemaa, les adjoints, les gardes champêtres, les chaouch, aussi bien dans les communes de plein exercice que dans les communes mixtes;

9° Les notices biographiques et les renseignements sur les familles influentes du pays;

10° L'histoire et la géographie des tribus avec la désignation des communes entre lesquelles elles ont été réparties depuis leur passage en territoire civil;

11° La surveillance des prisonniers indigènes détenus en Algérie par mesure politique ou disciplinaire;

12° Le contrôle des prisonniers indigènes détenus en France;

13° L'étude des événements politiques qui se produisent en Europe, dans le Sahara ou chez les états voisins de l'Algérie et de l'influence que ces événements peuvent exercer sur les populations indigènes soumises à notre domination;

14° L'étude spéciale des peuplades qui habitent l'Afrique centrale et des moyens les plus propres à employer pour faire pénétrer notre influence chez elles;

15° Tout ce qui a rapport au trans-saharien projeté ;

16° Les cartes politiques des départements ;

17° Les statistiques.

Et tant d'autres objets qui m'échappent.

Les fonctionnaires de la section administrative, débarrassés de cette partie du service, s'occuperaient avec plus de soin des détails d'administration de leurs communes, des questions de peuplement et de colonisation. Ils seraient tout spécialement chargés de la constitution de la propriété indigène dans leurs circonscriptions, cette question se reliant d'une façon intime à celle de la colonisation. L'application de la loi sur la propriété, œuvre essentiellement administrative, fonctionnerait avec beaucoup plus de rapidité qu'elle ne l'a fait jusqu'à ce jour. On n'a assuré dans le passé la prompte exécution du sénatus-consulte du 22 avril 1863 qu'en en chargeant des sous–commissions prises parmi les officiers de chaque cercle opérant sur leur territoire et des commissions constituées avec ceux de chaque subdivision. L'administrateur de chaque commune ou son premier adjoint serait de droit commissaire enquêteur. Quand l'un d'eux aurait transformé un certain nombre d'hectares en propriétés individuelles, qu'il serait fatigué, l'autre opérerait à son tour. La colonisation marcherait beaucoup plus vite et les affaires urgentes des colons et des indigènes recevraient plus promptement des solutions qu'elles attendent souvent de longs mois. Les fonctionnaires administratifs ne cesseraient point pour cela d'être officiers de police judiciaire. D'autre part la sécurité publique serait assurée et notre politique, dégagée des liens qui en paralysent l'action générale, assurerait le présent en préparant l'avenir.

Les fonctionnaires de la section politique résideraient aux chefs-lieux d'arrondissements et aux chefs-lieux des départements : un chef avec son adjoint auprès de chaque sous-préfecture ; un chef avec deux adjoints auprès de chaque préfecture. Un certain nombre de cavaliers indigènes, dits kriâlas, seraient mis à leur disposition. Tous ces fonctionnaires seraient assujettis à faire des tournées périodiques et à établir sur la police, la sécurité et la situation politique du pays des rapports qu'ils adresseraient directement au gouverneur général ou au ministre de l'intérieur (1) après en avoir remis des copies aux sous-préfets et aux préfets. Placés sous l'autorité immédiate de ces derniers, ils les tiendraient constamment au courant de ce qui se passerait chez les indigènes et ils leur fourniraient les documents concernant les matières rentrant dans leurs attributions.

Création d'inspecteurs généraux délégués du Gr général ou du ministre.

Leurs attributions.

Depuis l'agrandissement du territoire civil et la formation de nombreuses communes mixtes on a répété maintes fois qu'il fallait que ces communes fussent de la part de la haute administration l'objet d'une surveillance active et incessante. Les inspecteurs généraux qu'il s'agit de créer auraient dans leurs attributions la surveillance des communes mixtes et la direction à imprimer aux fonctionnaires politiques. Ils ne relèveraient que du gouverneur général

1. C'est en prévision de la suppression du gouvernement général que je fais intervenir le ministre. Le gouvernement général maintenu, les rapports ne vont qu'au gouverneur général.

ou du ministre (1) ; ils feraient des tournées à la suite desquelles ils établiraient des rapports détaillés sur la situation politique et administrative du pays. Ces rapports serviraient à contrôler ceux des autres fonctionnaires. Ils seraient les délégués du gouverneur général ou du ministre de l'intérieur au même titre que les inspecteurs des finances, des armées, de l'intendance sont les délégués de leurs ministres respectifs.

Dans ces conditions seules les choses pourront bien aller *politiquement* et *administrativement*. On s'en est tenu jusqu'ici aux renseignements fournis par les fonctionnaires sur leurs propres actes. Ceux-ci ayant un intérêt personnel capital à présenter les affaires des pays confiés à leurs soins sous un jour excessivement favorable, il en est résulté souvent qu'on pensait que tout allait bien au moment même où tout allait mal. Je dis cela surtout pour les questions relatives à la situation politique de l'Algérie.

Le gouverneur général, absorbé par l'étude des grandes questions algériennes, par les très nombreuses audiences qu'il est obligé de donner aux grands personnages qui visitent l'Algérie, aux fonctionnaires de tous ordres, aux élus du peuple qui ont à l'entretenir, obligé de s'absenter souvent du siège de son gouvernement, ne peut surveiller lui-même ni les détails compliqués de l'administration, ni l'exécution des ordres qu'il donne. Qu'arrive-t-il ? C'est qu'une foule de dossiers recouverts d'une noble poussière dorment dans les bureaux d'un sommeil léthargique d'où

Le G^r génér et son secr taire génér complèt ment abso bés, ne pe ventsurvei ler l'exéc tion de leu ordres.

1. Le gouvernement général étant maintenu, les inspecteurs généraux ne dépendent que du gouverneur général.

personne ne songe à les tirer, si ce n'est les intéressés ; mais ceux-ci ne savent pas au juste dans quels coins les trouver ; c'est que les affaires sont en souffrance quand il les croit terminées depuis longtemps.

Le gouverneur général a pour collaborateur un directeur général des affaires civiles et financières ou un secrétaire général. Je suis loin de dire que l'un ou l'autre de ces deux fonctionnaires ne travaille pas ; il travaille beaucoup, au contraire. Mais le temps qu'il passe avec le gouverneur, mais celui qu'il passe avec les chefs de bureaux, à donner tous les jours des milliers de signatures, à recevoir les fonctionnaires des trois départements, — et les fonctionnaires vont souvent à Alger ; — à donner des audiences au public, aux solliciteurs, — et en Algérie on sollicite beaucoup ; — mais le temps qu'il passe dans les commissions dont il fait partie, au conseil de gouvernement, au conseil supérieur, etc., etc., tout cela le place dans une position identique à celle du gouverneur général, c'est-à-dire qu'il ne peut surveiller les détails de l'administration ni s'assurer de l'exécution des ordres qu'il donne.

Le gouverneur général et son directeur ou son secrétaire général ont été de tous temps les fonctionnaires algériens qui ont le plus travaillé. Malheureusement les résultats obtenus n'ont pas toujours été à la hauteur des pénibles travaux qu'ils se sont imposés.

Nécessité d'organiser en Algérie le contrôle supérieur et l'unité d'impulsion politique. Les inspecteurs généraux seraient de puissants agents du contrôle supérieur. Il entrerait dans leurs attributions de surveiller de très près l'exactitude des libellés des amendes et des peines infligées aux indigènes en vertu des pouvoirs disciplinaires. J'appelle avec une grande insistance l'attention des personnes sérieuses et compétentes sur la nécessité absolue qui s'impose à tous de donner à l'Algérie les deux organes vitaux qui lui manquent et dont le défaut lui fait le plus grand mal :

Le contrôle et l'unité d'impulsion politique.

C'est l'absence de contrôle effectif qui a été l'origine de cette suspicion malsaine dont les fonctionnaires du service actif ont été l'objet de tous temps de la part des fonctionnaires du service sédentaire, de cet esprit de dénigrement général qui règne dans les bureaux comme sur la place du gouvernement à Alger.

Dans l'intérêt de l'Algérie, comme dans celui des fonctionnaires honnêtes, il faut au plus vite organiser le service du contrôle supérieur.

Rétablissement de la responsabilité collective.

L'étude du passé, l'examen attentif du présent, les préoccupations de l'avenir nous prouvent qu'avec les indigènes rien de sérieux ne peut se faire sans avoir recours à la solidarité, sans leur imposer une responsabilité mutuelle, morale ou effective. La raison en est facile à comprendre. Un peuple venant s'imposer par la force à un autre peuple n'est-il pas forcé, après les succès que ses armes lui ont

procurés sur les masses, de s'assurer par de sages mesures
les moyens de ne point perdre dans des attaques de détails
le fruit de ses victoires? Après avoir vaincu les armées, il
lui reste encore à vaincre les individualités. Chez certains
peuples, comme les Espagnols ou les Berbères, par
exemple, il est plus facile de culbuter plusieurs armées
que de soumettre les individus. Si donc, non content de
faire une conquête, on veut établir une colonie, il est de
la plus haute importance de prévoir les obstacles que sus-
citeront à chaque pas les mécontents au milieu desquels
on installe les colons. Ces obstacles sont les crimes, les
vols, les incendies. Ne point se prémunir par des moyens
préventifs énergiques contre de pareils faits, c'est manquer à la prudence la plus élémentaire, c'est courir bénévolement à une ruine certaine. Mais, dira-t-on, la loi est
faite pour punir les criminels, les voleurs, les incendiaires.
— Oui. La loi est faite pour cela à condition qu'on livrera
les coupables à la justice. Alors elle les condamnera, mais
elle sera impuissante à porter remède aux maux des victimes. Est-ce chose facile que d'arrêter les coupables dans
un pays ouvert où une seule marche de nuit leur permet
d'atteindre les Hauts-Plateaux? Quand les méfaits ont lieu
dans le voisinage du Maroc, de la Tunisie, ou sur la lisière
du sud? Quand vous n'avez pour auxiliaires que leurs
complices tacites? Peut-on, avec les seuls moyens que
donnent des lois faites pour le peuple le plus civilisé du
monde, se rendre maîtres d'hommes élevés selon les
mœurs du peuple le plus arriéré? Les règlements de police
faits pour des sociétés vivant dans les villes et sous des

toits ne sauraient s'appliquer à une société rustique vivant sous la tente, ayant des habitudes nomades, et dont on ignore généralement les mœurs, la religion et la langue. On vit côte à côte avec les anciens propriétaires des terres dont on s'est emparé, et l'on croit s'en assurer la paisible possession à l'aide de la légalité! Je pense qu'en cela on commet une grande erreur et qu'une colonie fondée par la force ne peut se maintenir que par la force.

Quand un assassinat se commet dans une de nos villes, au milieu d'une population qui est unanime à le réprouver et à rechercher les coupables, il arrive très souvent qu'ils échappent à la justice. L'électricité, la vapeur, la facilité du même langage sont impuissants à les faire découvrir. A plus forte raison lorsqu'il s'agit de les chercher parmi des populations mal disposées, dispersées sous leurs tentes et éloignées de dix à douze lieues d'un centre européen.

Dans de telles conditions un crime se commet-il, vous n'arrivez guère que vingt-quatre heures, au plus tôt, après sa perpétration, sur le lieu où l'on a trouvé le corps de la victime. Vous vous trouvez en présence de gens ne parlant pas votre langue et observant en outre un mutisme glacial. Vous les interrogez, ils ne vous répondent que par monosyllabes.

Exemples d'instructions judiciaires au pay arabe.

D. — Savez-vous qui a fait cela?

R. — Non.

D. — Avez-vous des soupçons sur quelqu'un?

R. — Non.

— Comment avez-vous découvert ce cadavre?

— C'est un berger qui l'a trouvé en faisant paître ses moutons.

— Où est ce berger?

— Là-bas, là-bas, bien loin d'ici (vingt à vingt-quatre kilomètres).

— Qu'on aille le chercher. Avez-vous quelques renseignements à fournir à la justice?

— Non.

— Vous répondez toujours non. Vous ne pouvez donc pas articuler d'autres paroles? Voyons, ne savez-vous rien?

— Nous ne savons rien ; vous êtes bien plus compétents que nous pour ces choses-là.

Les premières investigations s'arrêtent forcément après cet entretien, peu fait pour éclairer la justice.

Le berger arrive enfin. C'est un enfant d'une douzaine d'années, au front déprimé, au regard farouche. Il s'approche en tremblant et en articulant des paroles inintelligibles parmi lesquelles ont ne saisit que celles-ci, qu'il beugle plutôt qu'il ne les prononce, en faisant de la main droite des gestes négatifs.

— « Je ne sais rien, je n'ai rien vu.

— Comment avez-vous découvert ce corps?

— « Je ne sais rien, je n'ai rien vu.

— Calmez-vous, n'ayez pas de crainte ; parlez doucement. Dites-nous comment vous avez découvert ce corps?

— « Je ne sais rien, je n'ai rien vu. C'est en revenant des champs que mes moutons ont été effrayés en passant près du cadavre.

— A qui avez-vous parlé de cela ?

— « Je ne sais rien, je.... etc., etc.

Ne pouvant rien tirer de l'enfant vous vous adressez au kaïd :

Avez-vous fait quelques recherches qui puissent nous aider à découvrir l'auteur de ce crime ?

— J'habite à quarante kilomètres d'ici. Aussitôt que j'ai eu connaissance de la découverte du cadavre j'ai prévenu l'administrateur ; je viens d'arriver en même temps que vous.

— Avez-vous recueilli quelques renseignements ?

— J'ai questionné tout le monde, personne ne m'a fait la moindre déclaration qui puisse vous être utile.

— Vous êtes kaïd, votre devoir est de nous aider dans nos recherches.

— Oui, certainement, je ferai tout. Ordonnez, j'obéirai. Si je découvrais l'auteur de ce crime abominable je mangerais de sa chair. Que voulez-vous que je fasse ? Vous voyez comme moi tous ces gens silencieux. S'ils étaient responsables de ce qui se passe chez eux nous les verrions se donner du mouvement, faciliter nos recherches. Au lieu de cela, ils sont impassibles et muets parce qu'ils savent que la justice ne peut rien leur faire.

En effet vous lisez couramment sur la physionomie des assistants la mauvaise volonté qui les anime. Après avoir fait des recherches qui n'ont pu aboutir parce que vous n'avez pas été secondés, vous êtes contraints de revenir au logis sans avoir rien découvert.

Voici un vol de deux bœufs qui vient d'être commis

dans une ferme. On suit la trace des animaux. Elle conduit aux abords d'un douar composé de quinze tentes. A deux cents mètres des habitations les piétinements des troupeaux les ont fait disparaître. On fait le tour du douar sans les retrouver et l'on acquiert ainsi la certitude que les deux bœufs volés y sont restés. On interroge. Tout le monde répond n'avoir rien vu. On envoit requérir la justice pour qu'elle fasse des perquisitions. Pendant ce temps les voleurs ou les recéleurs font disparaître la viande des deux bœufs qu'ils ont abattus. En outre, comme tous les habitants du douar en ont mangé, aucun d'eux n'a intérêt à dénoncer son voisin. La justice ne découvrant rien ne peut condamner personne, et pourtant tout le monde, le volé surtout, a la conviction intime que les voleurs appartiennent au douar.

Je me borne à ces deux exemples, mais je tiens à ce que l'on sache que je pourrais en citer des milliers.

Étant reconnu qu'il nous est impossible d'exercer une police efficace dans les tribus où nous ne pouvons entretenir des agents de police et des gendarmes, vu qu'il faudrait en placer dans chaque douar partiel, nous devons mettre les indigènes dans l'obligation de la faire eux-mêmes. Nous devons rétablir d'urgence la responsabilité collective pour les crimes et les délits. Les indigènes aisés sont les premiers à la réclamer à grands cris, car eux-mêmes sont exposés aux attaques criminelles, aux déprédations des nombreux bandits de leur société. Le jour où notre justice a voulu s'exercer directement sur les individus, avec les difficultés résultant des faits signalés plus

haut, nous avons apporté le plus grand coup à la prospérité des indigènes. Croyant leur procurer le bonheur de
lois tutélaires, nous n'avons fait que leur apporter un
chaos désastreux.

C'est donc autant dans l'intérêt des indigènes que dans
celui des Européens que j'insiste pour le rétablissement de
la responsabilité collective telle qu'elle a été réglementée
par l'illustre maréchal Bugeaud, d'après une circulaire
datée du 2 janvier 1844. J'insiste encore pour qu'on
étende cette sage mesure aux associés, krammès, bergers
et journaliers indigènes employés chez les colons. Il ne
faut pas oublier que ce sont eux qui volent les Européens
ou qui les font voler par les honorables hôtes qu'ils re-
çoivent clandestinement sous leurs tentes.

Le principe de la responsabilité collective se pratique
hautement chez les peuples musulmans. Il n'est point
étranger à notre législation. Je le considère comme le
Palladium de la sécurité de tous les Algériens. S'il n'existait pas, notre conservation nous ferait un devoir impé-
rieux de l'inventer.

CONCLUSION

On dira : Si le peuple indigène est réellemnnt animé à notre égard des sentiments que vous croyez être les siens, nous n'avons que deûx choses à faire, le refouler ou l'exterminer. Je répondrai qu'aucune de ces solutions extrêmes n'est possible. Tout d'abord je dis qu'il est actuellement dans cette situation morale et physique, mais je ne dis point qu'il ne changera pas.

Ceux qui soutiennent que l'élément indigène doit infailliblement disparaître et faire place à l'élément européen ont-ils jamais jeté les yeux sur une carte d'Afrique ? Pour moi, je ne puis me défendre d'une certaine appréhension quand j'envisage combien est petite la région tellienne de notre Algérie comparée aux immenses espaces qui l'entourent au sud, à l'est et à l'ouest ; quand je constate combien sont encore petites, dans cette même Algérie, les teintes clair-semées qui représentent le nombre et les dimensions des centres agricoles !

Position géo-graphique de l'Algérie par rapport au continent africain.

La position que nous occupons en Afrique nous place dans des conditions désavantageuses. Nous détenons un vaste rectangle dont les quatre points extrêmes peuvent être déterminés par le cap Roux et Tebessa, à l'est, le cap Milonia et le ksar de Sficifa à l'ouest. Son développement en longueur est de 950 kilomètres environ ; en largeur, il varie de deux cents à deux cent cinquante kilomètres. En dehors de ce rectangle l'espace incommensurable, non point vide, au sud, comme certains se l'imaginent, mais habité par les populations de l'oued Messaoura, du Gourara, du Tidikelt. Croire à la disparition de la race indigène dans cette situation géographique me paraît aussi insensé que de croire à la possibilité d'avoir un port rempli d'eau douce sans avoir auparavant intercepté les communications de ce port avec la haute mer.

Pouvons-nous faire dispa-raître les in-gènes ?

Ah ! si nous occupions une île, il nous serait facile, en nous plaçant au centre, de rayonner en maîtres jusqu'aux extrémités et d'expulser les insulaires à tout jamais, en supposant qu'une pareille cruauté devienne indispensable à notre propre salut. Si le hasard nous avait placés dans une presqu'île, nous n'aurions qu'à fermer l'isthme pour couper les communications avec le continent, et agir ensuite en toute liberté d'action contre quiconque, dans l'intérieur, oserait se mettre en travers de nos desseins. Les Espagnols ont pu, après neuf siècles d'une lutte courageuse, expulser les Maures de leur patrie parce que ceux-ci n'étaient pas parvenus à fermer les passages des Pyrénées par lesquels les chrétiens ne cessaient de recevoir des renforts. Les vainqueurs marchant de l'isthme aux extrémités de la péninsule sont parvenus enfin à contraindre leurs ennemis à fuir au delà des mers. Notre position en Afrique par rapport aux indigènes est bien plus désavantageuse que ne l'était celle des Maures à l'égard des Espagnols. Ce n'est pas seulement par un côté que les indigènes peuvent recevoir des renforts, c'est par trois côtés sur quatre, sans compter l'appoint de leurs propres forces. C'est aussi par trois côtés qu'ils peuvent reculer devant nos soldats victorieux, sans être obligés de traverser les mers, et qu'ils reviennent aussitôt que ceux-ci ne sont plus en ligne de bataille !

Ce qui vient d'être dit démontre, je l'espère, l'impossibilité matérielle de les faire disparaître par la force des armes. Peut-on les faire mourir de faim en provoquant chez eux une famine plus horrible encore que celle qu'ils ont éprouvée il y a quelques années ? — Je parle ici d'après ceux qui croient à la possibilité de leur disparition.

Pouvons-nous les faire périr par la famine ?

— La chose est tout à fait impraticable. Dans tous les cas, s'il se trouvait des Français assez froidement cruels pour la tenter, les Algériens feraient bien de vite boucler leurs valises, car la peste qui nous a épargnés jusqu'ici, ne tarderait point à frapper à nos portes !

Rejetons loin de nous les utopies, écartons les utopistes. Ne s'est-il pas trouvé des gens assez naïfs pour proposer de refouler les indigènes au désert après y avoir creusé des puits pour leurs besoins, et de faire ensuite la police chez eux à l'aide de spahis montés sur des chameaux !

Nous avons beaucoup mieux que cela à faire. Puisque la force des choses nous oblige à vivre côte à côte avec eux,

Nous devons nous les attacher par bienveillance.

12

tirons-en le meilleur parti possible en nous les attachant par la bienveillance. D'ailleurs ils nous intéressent à bien des titres.

Beaucoup d'entre eux nous ont loyalement servis. Nous ne devons pas oublier que bien que la conquête ait été laborieuse pour nous, plusieurs tribus d'abord nous ont puissamment secondés. Ensuite celles que nos armes soumettaient marchaient successivement dans nos rangs à la rencontre des autres. C'est ainsi que dans la province d'Oran les Donaïr, les Zemélas, les Béni-Amer ont contribué pour une large part à la soumission générale du pays.

Les Douaïr et les Zémélas. Les deux premières, organisées en Makhezen n'ont cessé de nous donner des preuves de leur dévouement. Il est sans exemple qu'elles aient manqué à leurs devoirs ou que leur fidélité se soit jamais refroidie. Combattant sous les yeux de nos généraux, de nos soldats, elles ont été les ennemies implacables de tous ceux qui nous ont fait la guerre. On oublie trop aujourd'hui le rôle important que le Makhezen a joué dans la province d'Oran, berceau de nos adversaires les plus acharnés, théâtre de nos luttes les plus opiniâtres. Du reste, en général, on ne connaît qu'imparfaitement l'étendue des services rendus par ces tribus à la cause française. Le brave Moustafa Ben-Ismaël et tant d'autres personnages ont péri les armes à la main en la soutenant. Il n'est guère possible d'y rencontrer une famille dont le sang n'ait pas coulé avec le nôtre (1).

(1) Si le lecteur veut se rendre compte des services rendus par ces tribus à la cause française, il n'a qu'à consulter le livre intitulé : « *Notice historique sur le Makhezen d'Oran,* » par M. le colonel Walsin Esterhazy.

Après la chute de l'émir, la tribu des Béni-Amer nous
a noblement secondés dans la pacification du sud. Depuis
trente ans elle prend part à toutes nos expéditions. Tantôt
à la suite de nos colonnes, tantôt conduite par le vaillant
général Lacretelle, elle a toujours été pour nous une
franche et loyale alliée. On a vu les Béni-Amer dans
maintes circonstances livrer de brillants combats, dé-
ployer la plus grande énergie, en soutenant seuls l'honneur
de nos armes. On les a vus contraindre, par leurs courses
rapides, les rebelles à rentrer dans le devoir.

D'autres tribus ont également combattu et combattent
encore pour nous, ce qui fait qu'une foule d'indigènes sont
fondés à nous dire qu'ils ont des droits égaux aux nôtres
sur une terre arrosée de leur sang comme du nôtre.

La France dont le caractère est si généreux ne doit pas
être ingrate envers les hommes dont elle a utilisé les services. Elle ne doit pas se faire l'instrument inconscient de
leur ruine.

On répète que les indigènes sont pétris de défauts et de
vices. Soit. Je suis le premier à en convenir. Ce que j'ai
dit plus haut atteste que je ne les ménage point. Mais dois-
je nier leurs qualités ? Leurs défauts doivent-ils m'empêcher de rendre justice à ce qu'ils ont de bon ? Quand je les
vois plongés dans la plus affreuse misère par suite de'nos
fautes politiques et administratives, n'est-il pas de mon
devoir de signaler cette terrible situation dont le dénouement peut devenir fatal à l'Algérie ? En tous cas leur cor-
ruption doit-elle légitimer notre manque de foi ?

L'indigène est avide dans ses demandes, avare quand il

est hors de chez lui , mais il est généreux sous sa tente et prodigue lorsqu'il offre l'hospitalité.

Il est ennemi de l'étranger, du chrétien ; cependant quand il est bien conduit par un Français, il se bat pour lui et il sait se faire tuer sous ses yeux sans murmurer.

Passionné à l'excès, processif à un degré dont on ne se fait pas d'idée, il conteste à son adversaire la possession de l'objet le plus futile ; la réconciliation opérée, il est plein de grandeur d'âme.

Léger et inconstant dans la prospérité, il est sérieux et digne dans l'adversité.

Menteur et vantard quand il est loin de sa tribu, il est réservé et plein de déférence pour les vieillards lorsqu'il est au milieu des siens.

Trois choses le caractérisent au suprême degré :

La bravoure personnelle,

L'amour de sa religion, des femmes et de son pays,

La patience dans le malheur.

Il est superstitieux, cela est incontestable. Il croit aux génies, aux loups-garous, aux présages, bons ou mauvais, à l'accomplissement de certaines prophéties. C'est ce qui le met aux mains des marabouts et des Mokaddem. Mais la civilisation, dont nous apprécions les bienfaits et qui a détruit la superstition, n'a pas été chez nous l'œuvre d'un jour. Il a fallu bien des siècles pour permettre à notre société française de se constituer comme elle l'est aujourd'hui. Il faut donc pour être juste envers lui faire la part de la distance qui le sépare de nous. Notre société est celle du dix-neuvième siècle éclairée par le flambeau des sciences, la sienne est tout au plus celle du moyen âge obcurcie par les ténèbres de l'ignorance et de la superstition. C'est à ces deux points de vues différents que nous devons nous placer quand nous voulons le juger : Il est de son siècle, nous sommes du nôtre. L'humanité, une sage politique, notre honneur, nos intérêts les plus chers nous commandent de nous occuper sérieusement de sa pénible situation, de mieux l'administrer et de mieux le surveiller que nous ne le faisons.

Le repos de l'Algérie, sa prospérité, son avenir sont intimement liés à la satisfaction de deux grands intérêts diamétralement opposés : l'intérêt européen, l'intérêt indigène. La tâche ardue qui incombe à nos gouverneurs généraux consiste à les concilier tous les deux. C'est là le grand écueil qui les fera sombrer les uns après les autres (1). Car pour parvenir à résoudre ce problème presque insoluble, pour maintenir l'équilibre entre ces deux contraires sans jeter le trouble chez les Européens ni chez les indigènes, pour connaître les rouages de cette double horloge auxquels on ne peut toucher sans en arrêter les mouvements réguliers, il faut des hommes supérieurement doués.

Il faut des hommes qui, à la connaissance parfaite de la jurisprudence qui régit notre colonie depuis 1830 et des milliers de détails de notre administration civile, joignent la connaissance non moins parfaite de la religion des indigènes, de leurs lois, de leurs mœurs, de leur langage,

Le repos l'Algérie, prospérit etc.

(1) On affirme de toutes parts que l'honorable M. Albert Grévy vient de donner sa démission.

de leur vie sociale, de la constitution territoriale des pays musulmans, — ce qui leur permet de diriger avec succès les agrandissements de la colonisation sans nuire à la prospérité des indigènes, — de leur organisation sociale et politique, — ce qui leur facilite les moyens de voir clair dans ce qui se passe en pays arabe et chez les voisins de la Tunisie, du Maroc et du Sahara. De pareils hommes ne se rencontrent pas facilement, on en conviendra.

Le gouverneur qu'il faut à l'Algérie. Il en est un qui réunit au suprême degré les talents nécessaires pour mener toutes choses à bien. C'est l'homme de toutes les capacités, de toutes les sagesses, de toutes les énergies, le maître des maîtres dans les questions algériennes. Mais cet homme, écœuré par les attaques injustes auxquelles il a été en butte de la part d'écrivains inconscients, habite les bords glacés de la Néva, alors que, pour l'honneur et la grandeur de son pays, sa place est actuellement si bien marquée sous les coupoles ensoleillées du palais de Moustapha.

FIN.

TABLE DES MATIÈRES

CHAPITRE II.

LE TELL.

CONCLUSION.

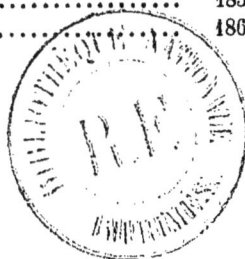

www.ingramcontent.com/pod-product-compliance
Lightning Source LLC
Chambersburg PA
CBHW070356090426
42733CB00009B/1447